江上 剛

会社という病

JN230095

講談社＋α新書
プラスアルファ

会社は病《や》んでいる

江上　剛

日本企業は、いま、抜群に調子がいい。

そういう時だからこそ、私はあえて「会社は病んでいる」と言いたい。

会社絡みの事件が頻発する。タカタのエアバッグ大量リコール、東芝の不正会計、旭化成建材の杭打ち不正、太平物産の有機肥料偽装などなど。

なぜこんな信じられないような事件が頻発するのか。

答えは一つ。社員が疲れきっているからだ。会社でストレスがないのは経営者だけだ。社員は誰もが「助けてくれ！」と悲鳴を上げている。

多くの会社は、一見、社員を大事にするホワイト企業の顔をしているが、実態は「死ぬまで働け」というブラック企業に堕してしまっているのだ。

かつての日本企業は「社員を大事にする」と自ら宣言していたし、他国からもそう信じられていた。しかしそれは自画自賛であり、自称に過ぎなかった。「人は城、人は石垣、人は堀」なんて嘘だ。いまや非正規社員は雇用者全体の４割近くに達し、社員の多くが将来に不安を抱きながら働いている。それに気づかず経営者だけが高業績に浮かれているのが、いまの日本なのだ。

「もっと働け、もっと稼げ!」。経営者は叫び、叱咤する。だが社員たちは経営者に「WHY?」と疑問を投げかけ、出した答えが偽装だったり不正だったりということなのだろう。

そんな話を講談社のネクラな編集者と話していたら、突如彼が「まったくもって同感です。なぜ我々の人生は人事とか出世とか査定とか左遷とか会社が勝手に決めた制度や慣習やルールに縛られなければならないんでしょうか。ああ江上さん、会社の病巣を一つ一つ俎《そ》上《じょう》に載せて得意の〝江上節〟で抉《えぐ》ってくれませんか」と興奮しながら一方的にまくしたてた。「俺みたいな年寄りの繰《く》り言《ごと》なんかに誰も耳を傾けないぜ」と私は答えた。すると彼は「少なくとも私は耳を傾けます。私を助けると思って書いてください」と言うではないか。

彼の目は夜更けの海よりも暗かった。病んでいるな、と確信した。私は彼を助けなければならないという思いで人事や出世や経営企画など、会社の病巣を分析しつつ原稿を書いた。

書きあがった原稿を彼に見せた時、気のせいかもしれないが、彼の目にほんの少しだけ光が戻った気がした。ストレスの解消には役立ったのだろう。

本書を読んだからといって、あなた自身や、あなたの勤務する会社が劇的に健康を回復することはないかもしれない。でも、ほんの少しだけでも光を取り戻せるかもしれない。

ネクラな編集者の彼のように。

◉目次

会社は病《や》んでいる 3

① 人事という病

そんなに偉いか東大卒

脇の甘い「グリコ行員」 16

学歴で優劣は判断できない 18

大企業の人事の実態 19

身を犠牲にするぐらいなら出世なんかするな 22

不公平でいいじゃないか 24

② 出世という病

昇進が常に幸せとはかぎらない

二人の頭取候補の物語 27

出世が原因の不幸はいくらでもある 30

私も出世に取り憑かれていた 33

出世欲は必ず治まる 36

③ 派閥という病
持病として付き合うしかない
人間とは「群れる」もの 40
いつでも別れる用意はできている 43
ヨシムラ君の悲劇 45
派閥で生きる鉄則 47
抗争の終わりが腐敗の始まり 49
④ 上司という病
バカ上司からは逃げろ。または大声で戦え
会社をむしばむ「中興の祖」 52
一生恨まれるモラハラ 59
タイプ別「バカ上司」 55
「我慢」はやめたほうがいい 60

⑤ 左遷という病
不本意な異動から開ける運もある
え？ 俺って左遷なの？ 63
人生の手本は、「釣りバカ日誌」 65
人事部の免罪符「適材適所」 67
「降りる」のも一つの選択肢 70

⑥
会議という病
この世の会議の9割はムダである（たぶん）
原因は「責任を負いたくない」病　75
昔から「小田原評定」の国　77
絶滅させたい「会議の三バカ」　81
史上最悪の会議　83

⑦
残業という病
それは上司の無能度のバロメーター
新入社員、怒りの寿司折り　87
サボったから生き残れた　89
「自分のために」働く　91
残業が「残業」でなくなる時　94

⑧
現場無視という病
ニセモノの「現場重視」に要注意
現場こそ会社の生命線　97
日本流と欧米流、どっちが正しい？　98
大事なのは「理念の浸透」　100

⑨ 就活という病
諸悪の根源は「新卒優先」
「数次第」だった私 104
息子よ、お前もか 106
就職科と学問科に分けたらどうか 108
「新卒優先」の仕組みを変えよ 110

⑩ 定年という病
経営者にこそ厳格な定年制を
最近、不祥事を起こす会社の特徴 113
定年の功と罪 115
定年後が辛い最大の原因とは 117
定年という病を克服するために 118

⑪ 広報不在という病
「真の仕事」をするほど上から嫌われる役回り
会社は内側ばかりを向いているもの 121
トップの誤りを指摘するのが真の広報 123
最終的にはトップの度量次第 125
時には組織のために隠蔽をはかる 127

⑫ 成果主義という病
結局は、経営者の哲学が有るか無いかだ
「万世の功」社員を評価しなかったツケ 130
日本企業に馴染みにくい理由 132
時代にハマった年功序列システム 134
「成果主義」という名の経営側の搾取 136

⑬ 根回しという病
一見、不毛なようでいて意外な利点も
上とのコミュニケーション・チャンス 141
パクリ屋上司には困ったものだ 144
イチかバチかの「質問取り」 146
根回しを活用してトップのホンネを引き出せ 149

⑭ 社長という病
会社を生かすも殺すもこの人次第
某巨大ファーストフードと某銀行の話 153
「経営の神様」でさえ間違った? 155
社長を人気投票で選んでどうする! 157

⑮ 部課長という病
出世ではなく仕事と向き合えるかが勝負
部長と課長のいちばん大きな違い 160
「トップを火の粉から守る」のがロマン？ 161
広報の「1行いくら」戦略 164

⑯ ハラスメントという病
自省するしか対策のない「完全なビョーキ」
親睦のつもりが…… 168
旧一勧のパワハラ傷害事件 170
社内恋愛は高くつく 172

⑰ 取締役という病
社長に異論を言えないような役員は失格だ！
取締役と執行役員の違いを知ってますか？ 175
社外取締役という、さらなる病 177
いよっ、取締役！ 179

⑱ 同期という病
時には同志、時には憎い敵
カンニングの友 182
ヤクザに対峙しようとした我が同期 183
本当に心を許せるのはリタイア後 185
⑲ 創業者という病
すべてを失う覚悟もなしに起業するな
最後は「人」で判断する 188
「24時間寿司」社長の決断力 190
⑳ 先輩という病
地位が逆転する時に歪みが起こる
起死回生の一発逆転 193
「立場の逆転」人事は止めたほうがいい 196

㉑ 営業という病

こんなにクリエイティブな仕事はない（でも評価は低い）
「営業」スキルはなぜ評価されにくいか 200
営業の真髄は「耳」にあり 202

㉒ 経営企画という病

この時代、本当に「経営を企画」なんてできるのか？
企画部資料の「重要度」 206
「主力商品」が売れなくなった時 208
切れるハサミは被害も大きい 209

㉓ 査定という病

会社を「人件費削減病」に陥れる元凶だ
労働分配率という指標 213
これからはゼネラリストよりスペシャリスト 215

㉔ **数字という病**

数字を過信するものは、いつか数字に騙される

数字は「鉄人28号」である 218

数字を活かしたアメリカの貧乏球団 219

数字に「情」をプラスする 221

忖度族だけにはなるな 222

㉕ **給料という病**

永遠に解決されることのない「適正金額」

役員の報酬だけを引き上げた某銀行 226

私が仕掛けた「昇給ゼロ円」作戦 228

㉖ **新規事業という病**

多角経営は日本企業に向いているのか？

本業をベースとした「棚卸」 233

メガバンクの「アジア系銀行買収」が不安だ 235

㉗ ボーナスという病
短期的な利益だけで支給額を決めるな
一支店長が頭取にお説教？ 238
支給時に経営に関する議論ができないか 240

㉘ 経理という病
経理部は会社の実態を正確に映す鏡
共同正犯になりやすい経理マン 243
肉食系経理マンの誕生 244

㉙ 計画値という病
作りっぱなしでPDCAを回せない日本企業の悪習
笑い話のような長銀の話 247
大本営以来の伝統なのか？ 250
沢庵和尚の「上中下三字説」に学べ 252

① 人事という病
そんなに偉いか東大卒

私は銀行員時代、人事部にいたことがあるが、いま考えてみればこの古巣には、ひどい大学差別があった。

私の出身大学は早稲田なのだが、周囲はほとんどが東大卒。その他は慶應出身が一人だけ、という具合だった。

ちなみに、ここでいう人事部とは、行員の昇格や人事異動、賞罰などを決める「人事部の中の人事部」とも言われる「人事グループ」という部署だ。人事部の中には福利厚生、採用などを担う部署もあったが、そこは行内では人事部の〝亜流〟といった存在で、人事グループの上司たちはその部門を人事部とさえ認めていなかった。

私に人事部異動の辞令が出た時のことだ。早稲田の先輩行員から電話がかかってきた。

「君は人事部の中で久しぶりの早稲田だ。頑張ってくれよ。頼んだぞ」

久しぶりというのは大げさではなく、かなり以前に早稲田出身の人事部員がいたのだが、彼は過労死してしまった。それ以来、早稲田OBは人事部から遠ざかっていた。

電話をしてきた先輩行員が言いたかったのは、「東大出ばかりが出世して早稲田は割りを食っている。だからお前が頑張って巻き返せ、早大出の昇格者を増やせ、俺の後輩を頼んだぞ」ということだった。そうはっきり言われたわけではないが、その思いは電話口からひしひしと伝わってきた。

「嫌な電話だ」。私はそう思った。人事は公平であるべきだろう。出世は出身大学ではなく、能力や実績に応じて左右されていくものじゃないのか。それなのに、自分の同窓生だけを特別視して引き上げるなんて、もっての外だと思った。

だから私は、先輩行員には生返事だけ返し、それ以降は、人事の公平さを疑われないよう、人事部に所属している間は早大出身者の会合には出席しないことを決めた。

しかしその後、先輩行員の願望が、あながち不当ではなかったことを知るのである。

脇の甘い「グリコ行員」

毎年5月から6月にかけて、人事部では「昇格会議」なる会議が開催される。7月1日付で出る辞令の中身を決定していく会議だ。そのためこの時期になると人事部員はゴールデンウイークもなく、連日、深夜まで人事部に籠もり、誰を昇格させるか議論するのである。

私が勤務していた銀行の行員の数は、男女合わせて1万人以上。昇格対象者も数千人に及ぶ。彼らを一人ひとり吟味するのだ。上司の評価、業績、勤務態度、過去の評価などなど、吟味しなければならない項目も多い。

人事部員は十数人だ。一人が数百人も担当している。

各部員は、自分が担当している行員の中から昇格対象者を選び、推薦する。それに対して先輩部員があれこれとイチャモンをつける。それが昇格会議の実態だった。

異動してから初めての昇格会議の席で、私は明治大学卒の若手行員を管理職昇格に推薦した。すると、東大出身の先輩部員が、洟《はな》もひっかけないといった口調で異論をはさんできた。

「彼はダメだよ。営業実績は高いけど、脇の甘いグリコ行員だぞ」

グリコ行員とは、「ひとつぶ300メートル」でお馴染み、グリコのキャラメルの箱に描かれた、両手をバンザイして走るランナーからとったもので、「脇が甘い」行員、すなわち「管理能力がない」行員を揶揄《やゆ》する言葉だった。

「いや、そんなことはありません。実績は十分です。昇格に堪《た》えると思います」

私は反論し、食い下がった。実際、彼の実績は素晴らしかったのだ。

しかし先輩部員は、東大出身の別の行員を推薦してきた。

先輩に推薦されたその行員は調査部に属していた。頭はいいのだろうが、支店ではまったく役に立たず、「勉強はできるんだろうから調査部にでもいれておけ」と、その先輩が異動させていた人物だった。

学歴で優劣は判断できない

いつまでも折れようとしない私に、そのうち先輩部員は怒り始めた。

「おい、東大はセンザイ能力が高いんだぜ」

センザイ？　洗剤？　私は「潜在」という言葉に辿りつくまでしばらく時間を要した。

潜在能力ってなんだ？　単に学生時代の成績がよかったということか？　そんなものは銀行員としての資質や業績にまるで関係がないじゃないか。

「それなら偏差値で選べばいいじゃないですか。我々はここで潜在能力じゃなく、実績を評価して昇格者を選んでいるんでしょ！」

キレ気味の私の返答に、先輩はさらにキレた。

「そこまで言うならこれまで実施された試験の成績を持ってこい。いかにお前が推薦する明大卒がアホで、こっちの東大が頭脳明晰か証明してやる」

結果はどうなったか。

私は人事部の資料室から二人の入行以来の試験の成績を持ってきて、先輩部員に見せた。先輩は、成績表を睨《にら》んだまま黙ってしまった。試験の結果はすべて明大卒行員の勝利だった。

明治大の彼は、努力していた。しかし東大の彼は「潜在能力」を過信して努力を怠っていたのだ。昇格の軍配は、明治大の彼に上がった。昇格後も彼は努力を重ね、順調に出世していった。第一選抜という出世の最初の壁を無事通り抜けたのだから当然だ。

かたや東大の彼は、その後も振るわず、結局退職し、外資系企業に転じた。その後のことはまったく耳に入ってこない。

大企業の人事の実態

この一件で私は、「東大卒はやっぱり有利」という事実を痛感した。

これは東大卒が珍しくない、銀行という特殊な世界だったからかもしれないが、大企業の経営者を見渡せば、やはり東大出身者が圧倒的に多いので、あるいは多くの企業に共通の事象なのかもしれない。

ちなみに、東京商工リサーチが発表している2014年の「全国社長　出身地・出身校」調査を見ると、社長を最も多く輩出している大学はマンモス大学「日本大学」で、5年連続でトップを独走している。かたや東大は15位に甘んじている。

ところが、東洋経済新報社がまとめている上場会社トップの出身大学ランキングでは、毎年のように慶應がダントツの1位を占め、東大と早稲田が2位争いを続けている。

「なんだ、東大よりも慶應のほうが出世しやすいじゃないか」と早合点するなかれ。

2014年に「サンデー毎日」が、日経225の採用企業の社長の出身大学をまとめている。それによれば1位は東大で47人、2位が慶應で30人、3位が早稲田の22人となっている。やはり、東大出身者は「大企業での出世に強い」のである。

銀行の場合は、まず「東大出身」というだけで最初の配属で特別扱いされる。彼らが行くのは都心の大型支店だ。地方の小型支店に配属されることは絶対にない。小型店に配属になるのは私立大出身者だ。

大型店の支店長は、行内でもかなりの実力者だ。そこに配属になれば、自然と有力支店長の目に留まり、出世のチャンスも増えるというわけだ。さらに大型店に配属されれば、次の異動では本部や本店営業部になる。余程のことがないかぎり、格落ちの支店に行くことはない。ここでも、自分を引き上げてくれる有力な上司と巡り合うチャンスがある。

一方、小型店に配属された新卒行員は、かなり努力をすれば、次の異動で中型店に移る。ここで一層の頑張りを見せて、ようやく本部か本店営業部に行くことが可能になるのだ。

ただし、それはほんの一部に過ぎない。多くはそのまま「ドサ回り」と称される、地ベタを這うような支店営業で銀行員人生を終える。

東大卒は、実績を上げることができなくても心配することはない。「潜在能力が高い」と思われているから、先ほどのケースのように「営業が得意でないのなら、調査部にでも回そう」と配慮され、トラブル続きの支店営業から解放される。そこで、学校で学んだ勉強の続きみたいな、役に立たない調査レポート書きを担《にな》わされる。東大を出ているくらいだから、そこそこマトモなことは書けるものだ。なにしろ潜在能力が高いのだからな。

こうして、人事評定に傷がつくこともなく、しばらくたてば、一度は滑り落ちそうになった出世の階段に戻ることができるのだ。

東大以外、特に私立大出身者は、黙ってばかりでは評価されない。こっちのコースは実績を上げてナンボの世界だ。目立った成績が上げられなければ「こいつ、やっぱり使えねぇな」とドサ回りに回され、出世のチャンスは二度とめぐってこない。チャンスの神様は前髪しかないらしいが、私大出身の銀行員の前を通り過ぎる神様は丸坊主である場合が多いのだ。

かくして、東大出身者は順調にリスクもないまま出世の階段を上っていく。他大出身者は落とし穴だらけの階段と必死で格闘するものの、途中で落下したり、階段が途中で途切れていることに気づき呆然としたりする。これが大企業の人事の実態だ。「お前、話を盛りすぎだろう」と怒られるかもしれないが、事実なのだから仕方がない。

人生というものは、そこそこ平等だと思っている人が多い。努力すれば報われると信じている人もいる。しかし生まれた時から結構な格差が開いている。それが真実だ。

裕福な両親の下に生まれた子どもは、余程のことがないかぎり、教育にも相応のお金をかけてもらえる。いきおい、東大に入れる子どもは裕福な家庭の子が増える。

ということは、大企業での出世が望めるかどうかは、生まれた時からある程度決まっているということか。貧乏人にはなんとも嫌な話ではないか。

身を犠牲にするぐらいなら出世なんかするな

「だったらどうすればいいんですか」と、親に財力のない学生や非東大卒の人は泣き言を言うかもしれない。

長くサラリーマン人生を送ってきた者として、できるアドバイスはただ一つ。

出世なんかするな——だ。

確かに、出世したほうが、しないよりいい思いができる面もある。給料は上がるし、会社の金で美味《うま》い飯が食えるどころか、愛人だって囲える（これは違法だが）。息子や娘の結婚式で大きな顔ができるし、死んだ後にも葬式にはたくさんの花が届くだろう。

その一方で、出世欲に取り憑《つ》かれ、そのためだけに他のすべてを犠牲にし、本来の自分の人生を失うことも非常に多いのだ。

古代中国の賢人・老子も「名と身といずれか」と問いかけている。名誉と自分の身体とどっちが大切なのか、という命題は、古《いにしえ》からわれわれ人間の大テーマだったのだろう。

改めて問われれば、「大切なのは身だ」と答える人が大半だろう。そうなのだ。人生を全《まっと》うするためには、サラリーマン生活なんて「うたかたの夢」くらいに気楽にとらえたほうがいい。「名と身といずれか」と問われるくらいだから、出世への執着が強すぎると身を持ち崩してしまう。そうなると、出世欲が強すぎるのは、もはや病気と言っていい。

この病に取り憑かれてしまって、自ら墓穴を掘ってしまう人が、世の中にはごまんといる。違法と知りながら上司の指示に従って不正経理に手を染めてみたり、不正融資をしてみたり……。たいがいは後にその不正が発覚し、重い処分を受けたり、捜査当局のお世話になったりする。それもこれも、出世という病に取り憑かれてしまったせいだ。

そんなことで人生を棒に振るぐらいなら、出世なんかしなくてもいいじゃないか。出世のために必要な不正も、不公平な人事で出世した東大卒に任せておけばいい。彼らは頭がいいから、どんなことでも上手くゴマかしてくれるだろう。潜在能力があるのだから。

不公平でいいじゃないか

人事は不公平、出世も不公平。それでいいじゃないか。

会社は一時的な舟。人生は舟を降りてからも十分に長い。会社にいるうちに自分の人生を充実させることを考え、準備しておこう。会社を活用して人生を豊かにすればいいのだ。出世はあくまでもその結果だ。あくせくしたってたいしたことはない……。

どうせ東大卒が優遇されるのが会社の人事だ。だったら、はじめから「出世は不公平」と割り切ればいい。そうすれば、わずらわしい出世競争から解放されるんじゃないだろうか。

会社人生は予期せぬことがいくらでも起こる。私自身、まさか途中で退職するなんて若いころは想像もしなかった。偉くなりたいと願っても叶わなかったり、出世から見放されていると思った人間が、ちょっとした縁をきっかけに出世街道を驀進《ばくしん》し始めたり。

結局そんなものなのだ。出世の階段を上っている同期をみたら、「お先にどうぞ、病気にならないでね、俺は後からゆっくり行くからね」と鷹揚《おうよう》に構えればいいじゃないか。

その気持ちの余裕が、仕事にいい結果をもたらすかもしれない。少なくとも、出世欲に取り憑かれ、不正や不義理を犯すことはないだろう。

②出世という病
昇進が常に幸せとはかぎらない

現代社会を生きるビジネスマンは、みな出世を望んでいるのだろうか。

いまどき高度成長時代のサラリーマンが信奉していた出世至上主義に支配されているのは、大企業に息子が入社して喜んでいる親くらいではないだろうか。

親にしてみれば、子どもの尻を叩いて有名幼稚園、小学校、中学校、高校、大学と、自分が望むようなレールを走らせ、ようやく大企業に入社してくれた。そこから先は、子どもに頑張って出世してもらい、あわよくば重役にでもなってほしい、などと夢を見ているのかもしれない。

人材情報サービス会社「マイナビ」が２０１２年に実施した調査によると、「どこまで出世したいか」という問いに対し、男性会員３４５人のうち「部長まで出世したい」と回答したのは22・３％、「課長」15・７％、「取締役」14・１％、「平社員」13・６％、「会長」10・３％という結果が出た。同様の問いに女性会員４７４人は、「平社員」45・９％、「主任」

17・7%、「課長」12・3%、「係長」9・6%、「部長」7・2%と回答している。

この調査をどうみたらいいのか。

まず、男性はさすがに出世志向が強い。部長まで行きたいというのが22・3%もいる。それなりに役職に就きたいと希望しているように見える。それに比べて女性は出世志向がないと言ってもいい。「平社員でいい」という人が5割近くもいる。

入社時のペーパーテストや面接などの成績は、男性よりも女性のほうが圧倒的にいいのは今や常識だが、それなのに彼女たちは出世意欲がないのだ。これは「女性活用」といいながら、実際は男性優位としか考えていない企業の姿勢が見透かされているからだろう。

しかしこれからは変わってくるかもしれない。政府の肝いりで女性活用目標を企業に義務付けたからだ。企業が女性に昇進の門戸をどんどん開放すれば、出世志向の強い女性が増えるかもしれない。

ところで、この調査には、もう一つ注目すべき点がある。男性の中にも、「平社員のままでいい」と思っている人が13・6%もいることだ。

「マイナビ」会員のかなりの人は就活中だろうから、就職する前から出世志向がない男性が1割以上もいるというのは、いくら高度成長期やバブル時代とはマインドが違うとはいえ、驚きだ。

おそらく若い男性の出世意欲の減退は、そのうち女性の出世志向が強くなるにしたがって、ますます顕著になってくるのではないだろうか。入社直後から優秀な女性との能力の差を見せつけられ、端《はな》から出世を諦める男性ばかりになってしまうのではないだろうか。

二人の頭取候補の物語

ところで出世ってなんだろうか？

昔、こんな戯《ざ》れ歌《うた》があった（記憶がいい加減だから細かい間違いは勘弁してほしい）。〈大学が違えば帽子が違う。帽子が違えば会社が違う。会社が違えば出世が違う。出世が違えば給料が違う。給料が違えば女房が違う……〉云々《うんぬん》。

この戯れ歌は大学を卒業して会社に入っても、学歴で出世が違ってきて、それは給料や女房の違いになって現れるということを皮肉っている。

私たち日本人はかつて、出世に価値を見いだしてきた。出世とは、「世に出る」ということだ。各地に、出世稲荷、出世地蔵があり、そこで人より抜きんでることを祈ってきた。

明治維新により、武士でなければ出世できなかった世の中が大きく変わった。ある意味、ジャパンドリームの出現だ。薩長の派閥優遇はあったものの、勉強ができ、才能があれば、世の中で名を成すことができるようになった。

この頃から出世が国民全体の目標になったのだと思う。「出世＝善」の価値観だ。

確かに出世すれば、戯れ歌のとおり給料も女房も何もかも違った。その結果、見事出世を遂げた人々の子孫たちは、今でも祖先の出世のお陰で豊かな暮らしを満喫し、トマ・ピケティの言うような資産家として格差社会の上位に君臨している。

となると、やっぱり出世っていいものだと思えてくる。末は博士か大臣か、だ。

しかし、そう話は簡単ではないのだ。時代は下って現代になると、出世の魅力的でない面も浮き彫りになってきた。

先ほどの調査でも、是が非でも社長まで上りつめたいなどという貪欲《どんよく》さは感じられない。「部長か課長にでもなれればいいや」という印象だ。

なぜこうなったか。

ひとつには、日本の成長が鈍化したことがある。出世に伴う分け前が少なくなったことが本能的に国民に知られ始めたのだ。むしろ、世の中の目につくようになったのは、出世に伴う「責任」という負の分け前の増大だ。

私が勤務していた銀行に、ある時、二人の頭取候補がいた。仮に、スズキさんとサトウさんということにしておこう。

スズキさんは、自他ともに認める次期頭取の本命だった。サトウさんのほうは、一応は候補者ではあるが、スズキさんと比べればかなり分が悪い。本人もダークホース的存在ということをはっきり認識していた。

ところが本命のスズキさんが体調を崩して頭取レースを自ら辞退してしまった。思いがけず頭取に指名されたのは、ダークホースのサトウさんだった。

自身の栄達に舞い上がるサトウさんに、総務担当役員から一つの依頼があった。「大物総会屋Xに挨拶をしてくれ」と言うのである。頭取にならなければ総会屋などと接点ができるはずもなかったが、「頭取ともなればこういうこともあるのだろう」と、サトウさんは深く考えずに総会屋の元に挨拶に行った。

それから数年後、サトウさんは無事頭取の重責を務めあげ、会長になった。

ちょうどその頃、飛び出してきたのが、銀行の総会屋に対する不正融資や利益供与事件だった。そして、頭取就任時に挨拶をした大物総会屋こそが、事件の渦中《かちゅう》の人物だった。

サトウさんは、彼に挨拶をしたことを今さらながらに後悔した。そのことをマスコミや検察に知られてはならないと、びくびくしながら毎日を過ごすしかなかった。

その話を伝え聞いたかつての本命スズキさんは、「あの時、頭取にならなくて良かった」としみじみと側近に呟《つぶや》いたそうだ。この頃、スズキさんは関係会社の会長としてのんびりと余生を過ごしていたのだ。しばらくしてサトウさんは検察に逮捕されることになるのだが、スズキさんはそのニュース映像を、ゴルフ場のクラブハウスで見ていたという。

ともに頭取候補とされながら、頭取に就任するか否かがその後の人生の明暗を分けたスズキさんとサトウさん。どちらがより幸せな人生を送ったかは言うまでもないだろう。

出世が原因の不幸はいくらでもある

官僚の世界は、ビジネスの世界以上に人事が大きな意味を持つ。ところが、近年、若い官僚の間でも出世志向が薄れているという。

たとえば財務省の官僚の例だ。財務省といえば、「東大法学部にあらずんば人に非《あら》ず」というほど強烈なエリート意識を持つ者の集団。キャリアの全員が事務次官というトップを目指して鎬《しのぎ》を削っている。官僚は、出世しなければ権限も拡大しない。だから出世志向の人間が多くなるのだ。

だが、その財務省でさえ、最近「次官になんぞならずに外に出たほうが得だ」という声が多くなっているという。出世して次官になれば天下《あまくだ》り禁止の規定に縛られたり、そうでなくてもどこの会社に行ったとマスコミに取り上げられ、痛くもない腹を探られたりしてしまうからだ。

「そんな目に遭うくらいなら、出世もほどほどのところまででいいし、目立たぬうちに民間に転じ、そこで力を発揮したほうがよさそうだ」と考えるキャリアが増えているのだ。官僚の天下りなどに向けられる世間の目はひと昔前に比べ格段に厳しくなっているから、最近の官僚の出世したくない志向もよく分かる。

ただ、日本は官僚だけは一流と言われてきたが、こんな話を聞くと、その誇りも失われてしまったのかと少し寂しくなる。

ある大手飲料メーカーの友人がこんなことを言った。

「うちはオーナー会社だから出世争いはないんだよ。絶対に社長にはなれないからね」

なるほど。そういうこともあるのだなと、この話を聞きながら感心したのを覚えている。

彼の勤務先は非上場で、社長は創業者一族から選ばれることが多い。いわゆるオーナー企業だ。これなら、非同族のサラリーマンがどれだけ出世階段を上り詰めても番頭止まりだ。だから社長の座を狙っての派閥抗争は起きようがないという。オーナー企業というと、なにやら前近代的なイメージがあったが、彼の話を聞いていて少しうらやましくなった。

ところがある日、彼は突然、閑職に飛ばされてしまった。オーナーの逆鱗《げきりん》に触れてしまったようなのだ。もともと出世争いとは無縁な人だったが、オーナーの機嫌を取りそこなっては出世どころか、残留するのも難しい。ここが、オーナー企業の恐ろしいところだ。

これはもっと身近な例だ。

私の友人のご主人は、ある大手住宅会社の営業マンだった。なかなかの成績をあげていたらしい。喜ばしいことに係長になった。部下が5人になった。

ところがその日から彼はだんだんと憂鬱な様子になり、食が細くなり、強くもない酒を大量に飲むようになったというのだ。原因は仕事上のストレスだった。

一人で営業に走り回っていた時は、憂鬱になることもなかった。ところが部下を持ち、彼らを管理する側に回った途端、鬱状態になってしまったのだ。仕事ができない部下を見ると「自分ならできるのに」とイライラしてしまう。命令しても指示どおり動かない。そんなことから日々ストレスが蓄積し、ついにある日、倒れてしまった。なんとか起き上がれるまでに回復はしたが、それ以降、彼は自宅に引きこもるようになってしまったというのだ。

今では会社もクビになり、「いつか自殺するのではないか」と奥さんを怯《おび》えさせる日が続いている。彼女は誰を恨むこともできず、「出世なんかしてほしくなかったのに」と呟く毎日を過ごさなくてはならなくなっている。

こうしたケースを知れば、「出世が必ずしも幸せとはかぎらない」ことが分かっていただけるのではないだろうか。

私も出世に取り憑かれていた

会社というのは不思議なところだ。一旦、そこに足を踏み入れると「ヨーイドン」でいやがおうでも出世レースに巻き込まれてしまう。そして、まるで感染症にかかったみたいに、目の前の競争に目が行ってしまうのだ。

私だってそうだった。

銀行に入って最初の昇格の時のことだ。入行から7年が経過した4月1日。ここで主事という資格になれるかどうかで、その後の出世レースの行方《ゆくえ》は大きく変わってくる。行内で「第一選抜」と呼ばれるこの関門を無事潜り抜けると「エリート」という扱いになり、一気に支店長くらいまでの展望が開けてくる。

第一選抜をパスし無事に主事となった人間は、次の異動先から違ってくる。ある者は、本店営業部で大企業の経営者を相手に丁々発止《ちょうちょうはっし》、ある者は海外勤務で外国人に「ハウマッチ?」、はたまた別の人間は本部企画部で官僚相手にゴルフ三昧、というような花形部門へ回される（と言われていた）。

私にとっての入行から7年目の4月1日は、たまたま日曜だったと記憶している。

私は当時、世田谷の三軒茶屋の狭い社宅に、妻と幼い子どもとで住んでいたのだが、運命の日が近づくにつれ、鬱屈した気持ちが積み重なっていった。すぐに上司に食ってかかる私の評価が高いはずがない。昇進は微妙だ。

家庭を持っている以上、昇格しなかったからといって「こん畜生!」と退職するわけにはいかない。昇格できなかったら、惨めな思いを抱えながら、その後の長い銀行員生活を送らなければならない。そう考えると、気持ちがふさぎ込んだ。

「いや、お前は頑張ったじゃないか」と、自分自身を鼓舞するのだが、ふと同期で優秀と言われている連中の顔が浮かんでくる。みんな留学したり、本部などエリート部署に配属されたりしている。支店にいるのは一人か二人だ。

昇格するのはたった3割。同期は96人だから30人もいない。

この俺が同期の中で30番以内にも入っていないというのか。そんなことはあり得ないだろう。でも、もしダメだったら……。

狭い社宅の部屋の隅で、私は鬱々とした思いで膝を抱いていた。

今にして思えば、精神的な病の一歩手前だったと思う。幸いにもその状態から脱することができたのは昇格できたからだ。もし、あの時昇格していなかったら、自信喪失し、どんな銀行員になっていたか分からない。当然、広報部にも配属になっていないから、後年に作家になることもなかっただろう。

こうして私は出世街道の入り口に立った。それから本部に異動になり、「残業、残業」の「本部官僚」として過ごし、結局、総会屋事件という役員のスキャンダルに巻き込まれて退職する。

結局、銀行員人生を全うできなかった。その悔恨は今でも痛みとともに心の底に残っていて、消えることはない。

一方、7年目の第一選抜に漏れはしたが、その後、出世の階段をゆっくりと上ってきた同期の連中は、ほとんどが銀行員人生を全うし、今では別の会社に天下りして、のんびりとゴルフに興じたり、海外旅行を楽しんだりしつつ、年に1回の同期会で近況を報告しあっている。私は、途中で退職したからなんとなく気後れして同期会にも出席していない。親しい同期を通じて、みんなの幸せそうな様子の報告を聞くだけだ。

そして今は、編集者に叱られ、締め切りに追われながら、シコシコと原稿を書いている。思い起こせば、これはみんなあの4月1日に昇格したせいだ。あの日、私が昇進していなかったとしたら、どんな人生を送っていただろうか。精神的に病んでしまいそうなほど渇望していた昇進を果たしたわけだが、その昇進は果たして私の人生を豊かなものにしてくれたのだろうか……。

出世欲は必ず治まる

若者にはある種の野心が必要だ。出世欲が仕事や人間の幅を広げてくれることもある。私も、本店勤務で銀行の中枢を垣間見てきたことで、世の中を見る眼を養ったし、大組織を束ねる人間の生態を目《ま》の当たりにすることができた。これは今の私にとって大きな財産と言える。その意味では、人並みの出世欲があったことが幸いした。

一方、ある程度の年齢になったら、出世欲は抑えたほうがいいだろう。ポストが上がるにつれて権限は大きくなるし、社内の権力構造もよく見えてくる。そのポジションで、あまりにもギラついた出世欲を抱いていると、ついつい邪《よこしま》な気持ちが芽生えたり、部下を巻き込んだ醜い抗争を起こしたりしかねない。

幸いと言うべきか、出世にこだわる病は、ほとんどの場合、ある時期が来ればスーッと治ってしまう。それはサラリーマン人生が長くなると、社内での自分の位置付けをはっきり知るようになるからだ。自分の出世の限界が見えてくるのだ。その時期は誰にでも訪れる。

だから、若い時には出世という病に罹患《りかん》し、野心ギラギラで仕事に励めばいい。そして、ある程度の年齢を重ね、次第に自分の限界が見えてきたからといってガッカリしなくてもいいのだ。じっくりと病の治癒に努めればいい。誰でもいつかは必ず「お役ご免」の時が来る。その後の人生を豊かに過ごすため、自分を磨く時間を大切にすればいい。

そのほうがきっと、リタイア後に「俺の人生、悪くなかったな」と身に染みるはずだ。

この病気が最後まで治らなかったら悲惨だぞ。いつまでも会社にしがみつき、老害と化し、醜い姿を晒《さら》し続けることになる。もしかすると最後には取締役会で突然解任されて、「なぜだ！」なんて叫んでしまうかもしれない（話がちょっと古いかな）。

私の勤めていた銀行では、総会屋事件の渦中に経営者の一人が自殺してしまった。彼は頭取、会長を経験し、その時は相談役だった。決して派手な人物ではなく、とても人柄のいい人だった。私もその人の謦咳《けいがい》に触れていた。

その人をその地位まで引き上げたのは、実力者である別の相談役だった。この人とも私は親しかった。

ある日、その〝実力ある〟相談役から、なぜ彼を登用し続けたのか聞かされたことがある。

「彼は泥を被《かぶ》ることができたからね」

その言葉を聞いた時、私はゾッとした。なぜなら、自殺した相談役が被り続けた泥というのは、その〝実力ある〟相談役が跳ね上げたものだったからだ。上司の泥を被り続け、銀行の最高ポストを手に入れた。その結果、畳の上で天寿を全うすることさえできなかった。

彼の遺書には「良い銀行を作ってください」とのメッセージが後輩たちに向けて残されていた。

もしも彼が、どこかで出世という病から逃れられていたら……。

出世について考えると、いつもそのことが頭に浮かんでしまうのだ。

改めて冥福を祈りたい。

③ 派閥という病 持病として付き合うしかない

派閥とは、ある集団の中で考え方や利益を共通にした仲間といえるものだ。

派閥の存在感が際立っていたのは、少し前の永田町だった。特に自民党内では、熾烈《しれつ》な派閥抗争が繰り広げられていた。もっとも有名だったのは「角福戦争」と言われる、田中角栄率いる田中派と福田赳夫《たけお》を領袖《りょうしゅう》とする福田派との主導権争いで、総裁選ともなれば、自派の票固めのために他派閥の議員の頬を札ビラで叩きあうような熾烈さだった。

角福戦争のみならず、派閥抗争は永田町の花でもあった。ただし現在は、大物政治家が以前ほど派手にカネ集めをすることができなくなったから、派閥の領袖が子分に大金をバラ撒くことも不可能になった。当然ながら、派閥の影響力もめっきり減退し、それが政治の面白さを失わせている面もある。

それはともかく、人間が3人いれば、派閥が2つできるという。要するに、人間社会、いたるところに派閥はある。会社も例外ではない。

もちろん政界のように、永田町の一角に派閥事務所があるわけじゃないし、(たいがいの場合は)決起集会があるわけでもない。普通は、数人規模の飲み会やゴルフなどで親交を確かめ合う程度だ。同じグループに属している人間は、「気があう仲間と集まっているだけだよ」「ただの勉強会だよ」「飲み会だよ」と煙幕を張るが、いざ人事の時期になると、このインフォーマルなグループがさまざまな影響力を行使し出すのである。

そうなると困るのが、派閥に属していない人たちだ。「どこかの派閥に入らないとデメリットがあるのではないか」と思い込んでしまう人まで出てくる始末だ。

人間とは「群れる」もの

会社の派閥というのは、なんらかの母集団に関わった人間で構成される場合が多い。たとえば、出身大学によってできている「学閥」だ。私が出た早稲田大学の出身者は、どうも群れることを嫌う傾向を持っていて、「早稲田閥」とか「稲門閥」なる言葉を、現役の銀行員時代に耳にしたことはない。

しかし、一方の慶應大学には三田会という強固なOB会組織が存在し、職種ごと、企業ごと、地域ごとの活動が非常に活発だ。企業内に三田会があれば、それが派閥としての意味合いを持つ場合も多い。早稲田と違ってこちらはまとまりもいいし、どういうわけかOB同士が互いにシンパシーを持ちやすい風土がある。そのため、慶應OBのトップ同士によって企業の買収や提携が行われることさえある。

ある大手飲料メーカーは、オーナー社長が慶應大学出身だ。

この会社が、別のある大手飲料メーカーと合併するという発表がなされた。最終的にはこの合併話は流れてしまったが、一時は社内に「合併相手の社長も慶應出身だからだろう。オーナーの慶應好きには我慢ならない」という反対派の不穏な声が渦巻いていたという。

その会社は最近、違う業種の大企業のトップを社長に引き抜いてきた。オーナー家の跡取りに社長を禅譲するためのつなぎ役と言われているが、問題は引っ張ってこられた社長がこれまた慶應出身だったことだ。またぞろ社内に「オーナーの慶應好きはどうしようもない」という不満が膨らんでいるらしい。

業績が好調なので、この飲料メーカーで社内の不満が表面化することは今のところないようだが、業績次第ではこうした不満が社内を混乱に陥れるかもしれない。ひとつの派閥が勢力を持ち続け、社内の主導権を握っていると、業績悪化の際にはとばっちりで責任を負わされることもありえるので注意が必要だ。

とはいうものの、人間の本能には、「派閥を作る」というか、「群れる」習性が植えつけられているのだと思う。

人類学を専攻する大学の先生から興味深い話を聞いたことがある。その先生によれば、DNAの分析の結果、人類はアフリカの特定地域から世界に広がったようだ。

にわかには信じられない話だが、私もアフリカの人々も、そして欧米人も、先祖は一緒だというのだ。しかも、われわれホモ・サピエンスとは違う人類である、ネアンデルタール人やクロマニヨン人もアフリカから出発したという。

では、ネアンデルタール人やクロマニヨン人はどこへ行ったのか。ホモ・サピエンスが彼らを滅ぼしてしまったのだと先生は言う。そうして、私たちホモ・サピエンスの天下がずっと続いているというのだ。

では、なぜホモ・サピエンスが他の人類を滅ぼすことができたのだろうか？　それは「集団化ができたから」だ。つまりホモ・サピエンスは集団化することで、他の人類を駆逐していったのである。多勢に無勢、集団リンチのようなもので、生存競争を勝ち抜いてきたのだ。

いずれにしても、人類は集団化することで大きな力を発揮することを知った。その力のお陰で今日まで生き延びることができたことになる。

集団＝派閥と捉えることもできる。だとすれば、派閥を形成するのは人間のDNAがなせる業《わざ》なのかもしれない。ならば、会社に派閥ができるのを止めることはできない。そう、派閥という病は、サラリーマンにとって先天的な病なのである。

いつでも別れる用意はできている

さて、会社の派閥は学閥だけではない。新入社員時代の配属先によって決まる場合も多い。総合商社なら「機械畑」とか「繊維畑」などという、「畑」と称される事業分野ごとにボスがいて、それぞれの畑が主流派争いを行っている。

私のいた銀行でも似たようなことがあった。私が大学を出て就職した第一勧業銀行（現みずほ銀行）は、１９７１（昭和46）年に、第一銀行と日本勧業銀行が合併して誕生した、当時国内最大の都市銀行だった。

私が入行したのは１９７７年だから合併後5年が過ぎていたことになるが、当時は二つの銀行の勘定システムから融資の方針、伝票の様式まで、まだまだ統一が十分ではなかった。私たちは戸惑いながらも2行のルールを学習しなければならなかった。

ある日、先輩からこう言われた。

「うちの銀行は、第一と勧銀の二つの派閥しかないから簡単だよね」

そう。当時は第一グループ（D）と勧銀グループ（K）に行内は分断されていた。旧銀行に入行した者は好き嫌いに関係なく、旧行閥に属することになっていた。

では、合併後に入行したわれわれはどうだったのか。呆れたことに、最初の配属店がかつてのDの支店かKの支店かによって色分けされていたのである。まれに、統合店と言われるDとKを統合した店に配属になる者もいるが、そういう連中もバランスよくDかKに分類されていた。つまり、行員全員にDかKかの背番号が付与されていたのだ。

ところがわれわれ、合併後に入行した人間は、その〝システム〟を知らされていなかった。当然だろう。公に説明するのは「うちの会社には大きな派閥が二つあります」と宣伝するようなものだ。対外的には「派閥はナシ」となっているのだから、説明できるわけもない。

あまりの巧妙さに驚いて、「いつでも別れる用意ができているんですね」と先輩の行員に聞いたほどだ。いや、実際そうだったのだ。第一と勧銀、それぞれのグループは長らく行内の主導権争いをしていたから、何かのきっかけで分裂する可能性がゼロではなかった。だから、いつ合併を解消しても、ヒト、モノ、カネの財産をきれいに二つに分けられるよう、それぞれの〝所有権〟をはっきりさせておいたのだ。

行員はみなDかKかのどちらかに属している。そして自分のグループに忠誠を誓わないと、転勤、昇格、出向、天下りのすべてに影響することになっていた。

派閥というと、やはり自民党の党内抗争のような激しくも陰湿なバトルを連想してしまう。しかし、考えようによっては、先輩行員の言うように二つしか派閥がなかったから、やれ専務派だ、常務派だという具合に、将来有望な人物が出てくるたびに右往左往しなくていいので、そのぶん無駄な争いはなかったのかもしれない。

おそらく、合併会社の状況というのは、いまでも多かれ少なかれこんなものだろう。出身母体ごとの派閥を温存するという行為は、効率的な経営を目指す上ではものすごい無駄を生むことになるが、会社を安定的に運営するためには不可欠な方法なのかもしれない。

ヨシムラ君の悲劇

だからと言って、第一勧銀のDK体制に問題がなかったわけではない。

可哀そうな者もいた。ヨシムラ君（仮名）は統合店に配属になったが、そこは支店長がD、副支店長がKという店だった。ヨシムラ君は自分にKの背番号がついていることを知らなかった（もちろん、そんなことを教えてくれる先輩などいなかった）。

ヨシムラ君は支店長、副支店長の両方の指示に従って仕事をしていた。二人とも上司なのだから当然だ。だが、次第にKのほうから「なぜDと仲良くするんだ」と非難されるようになった。一方、Dのほうからは「Kのくせに俺たちDにすり寄りやがって」と睨《にら》まれるようになった。板挟みになったヨシムラ君は、ついには体調を崩して入院してしまう。本人にはまったく非がないのに、第一勧銀の奇妙なシステムが生んだ悲劇だった。

私にも似たような経験がある。

私の背番号はKだった。初めて本部に配属になった時、部長と直属の上司（次長）もKだった。だが、私はその二人が好きではなかった。特に部長は大嫌いだった。ネクラで細かく、陰険だったからだ。そんな部長に尻尾を振るばかりの次長にも嫌悪感を持っていた。

当時30歳、まだまだ若かった私は、嫌いなKの人間とは付き合わなかった。仲良くなるのはなぜかDの部員ばかりで、昼食を食べに行くのも、飲みに行くのも彼らとだった。

ある日、次長から呼び出された。密室に閉じ込められ、「なぜDとばかり仲良くするんだ」「なぜ部長と昼飯に行かないんだ」「お前が行かないから俺が部長のお茶汲みをしているんだ」「このままKの部長を無視した態度を取っていると人事で面倒をみないぞ」などと3時間以上も説教を食らったのである。

あまりにもアホらしいので、よっぽど「下らねぇ」と尻をまくって立ち去ろうとしたが、そこはグッと我慢した。帰宅してから私は田舎の父親に電話し、怒りをブチまけた。

「『お茶汲みをしない』とかでグダグダ言われたんや。もう辞めてやろうかと思うわ」

ところが親父は同情する素振りも見せてはくれなかった。

「お前、給料、どれくらいもろとるんや？」

「○○万くらいや」

「アホか！　今どき、お茶汲みでそんだけ給料をくれるとこなんかあらへん。黙ってお茶汲んどき。そのうちええこともあるわ」

さすがに戦争を生き抜いてきた人間だ。戦場で生き残る術《すべ》を知っていた。余計な意地を張らずに、「軍人は要領を本分とすべし」を地で行く対応を諭《さと》してくれたのだった。

もっとも、私は父親のアドバイスには感謝したものの、お茶汲みはしなかった。Dの人たちが、若い私を派閥争いに巻き込むなと意見してくれたのだ。その後、嫌いな上司と昼飯に行かなくても咎《とが》められることもなくなった（その代わり、文句を言われないように仕事は必死でやった）。

派閥で生きる鉄則

派閥は、人間のＤＮＡに組み込まれた本能がもたらす病だ。ならば持病として付き合い、派閥にどっぷりつかって生きるのも手だろう。

そこで考えたいのは、派閥に属した時、どう振る舞うべきか――だ。

派閥社会を生き抜く第一の鉄則は「絶対に浮気をしないこと」だ。隣の芝生は青いとか、あっちの水は甘そうだと考え、フラフラと派閥を乗り換えていては会社の中で信用を失う。

これは政治家を見ていればよく分かる。あちらこちらと派閥を渡り歩いている政治家で大成した者はいない。逆に、弱小派閥に属していても、その中でコツコツ仕事をする者は、後々存在感を発揮し、いぶし銀の政治家へと成長していく。サラリーマンも同じだ。

もう一つの鉄則は、私の親父の教えではないが、「派閥に入った以上は、お茶汲み、雑巾《ぞうきん》がけを厭《いと》わないこと」だ。

とにかく生き残るためにその派閥に属したのだから、妙なプライドはすっぱりと捨てたほうがいい。そうして、他人が嫌がる仕事を率先してやるのだ。単なるポーズでも構わない。縁の下の力持ちを買って出るような態度を取り続けるのである。

派閥のボスという存在は、それが自分に対する媚《こ》びだということは百も承知だが、すり寄る猫には必ず餌を与えてくれる。

秀吉は、信長の草履を懐で温めたことをきっかけに目をかけられるようになった。これは秀吉の信長に対する心配りではない。ボスに対する露骨なアピールだ。信長にしても十分そのことは分かっていたはずだ。それでも、そこまでやる気を見せる秀吉に仕事を振ってやり、出世のチャンスを与えた。秀吉はそのチャンスを十二分に生かし、主君・信長からの評価を高めていったのである。

もちろんその実力が秀吉にはあってのことだが、出世のきっかけは、あざとすぎるほどの自己アピールにあった。派閥で生き残るには、この秀吉のあざとさを見習う必要がある。

派閥に属する以上、他の派閥との抗争も避けては通れない。積極的に敵派閥を殲滅《せんめつ》する闘いにも加わる覚悟が必要だ。たとえ派閥のボスが、尊敬できる上司でなくても、だ。

この点はヤクザの抗争と同じと思ったほうがいい。どんなに尊敬できない親分でもしょうがない。いずれ自分が派閥の親分になることを心に念じて、まずは親分の出世のために尽力すべきだ。他人がどんなに批判、非難しようが、「派閥バンザイ!」の姿勢を貫くことだ。

抗争の終わりが腐敗の始まり

こうしてあなたの派閥が他のグループを圧倒し、さらにあなた自身が熾烈な派閥内の権力闘争を勝ちぬいて派閥のドンになったとしよう。あなたは、敵をすべて殲滅し、一党独裁体制を築くこともできる。

その時、「これで派閥争いのない、健全な組織になった」と思うかもしれない。

しかしそれは違う。独裁になった瞬間に組織は瞬く間に腐り始めていくのである。

実は人間の組織というものは、派閥争いをしている時のほうが健康だ。なにしろ、派閥形成の性向は、自分の集団が生き残るためにDNAの中に組み込まれたものなのだから、それがなくなれば組織は死滅するしかないのだ。まったくの健康体より持病があるほうが長生きできる。一病息災とも言うではないか。

最近の政治にダイナミズムを感じないのは派閥が機能していないからだ。誰もが首相の言うことに従う。一見いいことのようだが、首相が失敗しても誰も声高に責任を追及しようとしない。派閥政治華やかなりし頃の自民党はそうではなかった。オール与党のような体制では、自浄作用も働かないし、バランスの良い政治にはならない。

会社も同じだ。誰もが社長のイエスマンになったら、まず間違いなくダメになる。会社内で派閥争いがあり、壊れてしまわない程度に喧嘩をしているほうが、健全な会社と言えるのだ。

オリンパスや東芝など不祥事を起こした会社を見てみるといい。一見すると派閥争いをしているようだが実態は違う。両社に共通しているのは、社長よりも偉い「絶対君主」というべき人物が会社内に君臨していたことだ。

会社のトップは社長だ。社長が最終的な人事権を持たなくてはならない。

ところが世の中には、社長よりも会長が偉かったり、その会長より偉い相談役や顧問がいたりする会社がある。こうした絶対君主は、長期にわたって社内のトップ人事に影響力を発揮する。これではまともなガバナンスが機能するはずがない。

適度な派閥抗争があるほうが、組織としては健全なのだ。そう思えば、あなたの会社の派閥の存在も、どこか愛《いと》おしく見えてこないだろうか。

④ 上司という病
バカ上司からは逃げろ。または大声で戦え

世の上司にはいろんなタイプがいる。中でも最悪なのは、部下を育てようとするタイプだ。

上司にその能力があればいいのだが、その力もないくせに部下を自分色に染めようとする。これが最も始末が悪い。

企業では幹部社員の評価項目に、「部下を育てる」というものがある。私も上司という立場で部下を持ったことがあるが、その時には当然、部下を育てようと一生懸命になった。しかし、そこで得た結論は、「部下は育てるものではなく、育つもの」ということだった。

育つ部下は、放っておいても育つ。育たない部下は育たない。そして上司という存在は、数多くの育たなかった部下のことはきれいに忘れ、偉くなった部下のことを「俺が育てたんだ」と吹聴《ふいちょう》してまわるのが嬉しくて堪《たま》らないのだ。

たいていは部下もその辺りを心得ている。偉くなった暁《あかつき》には、かつての上司に向かって頭

を下げ、「あなたのお陰です」と感謝の言葉を捧げる。

かつての上司は気分良く「いやいやあなたが努力されたからですよ」などと言うだろうが、口先とは裏腹に「俺がいたからお前の今があるんだぞ」と思っている。

そこまでならいい。問題が起こるのは、「育てた」と思っている上司が見事トップとなり、「育てられた」ことになっている部下も順調に出世の階段を上っていった場合だ。さらに数年後、育てられた部下もトップの座についた時、組織は急激に歪《ゆが》み始めるのである。

会社をむしばむ「中興の祖」

私が勤務していた銀行には陰の実力者である相談役がいた。彼は会長から相談役になったのだが、「自分は財界の泥かぶり」と公言する肚《はら》の据《す》わった人物だった。そのため財界でも一目置かれており、行内でもトップ人事をすべて掌握するような存在だった。

私が本店で広報部の次長をしているころ、なぜかこの相談役に気に入られ、たびたび相談役室に呼ばれて雑談の相手をさせられていた。

いつものように相談役室で雑談していると、突然、私の背後のドアが開いた。

驚いて振り向くと、そこには頭取が立っていた。頭取は相談役になにやら大声で報告し終わると、深々と頭を下げ、「御来客中、失礼しました」と言い、部屋を出ていった。

私を来客と勘違いするのは分からないでもないが、相談役に対する態度があまりに卑屈なので唖然《あぜん》としてしまった。まるで新入行員が支店長に報告しているみたいだった。

「いくら相談役とはいえ、自分は頭取じゃないか。この銀行のトップだ。それがあの平身低頭ぶりか。どうかしている」

私はショックを受けてしまった。

相談役は、独り言のように呟いた。

「あいつもまだまだだな……」

そしてまた、私との雑談に興じ始めたのだった。

私は、〝デキる上司と有能な部下〟の真の関係を垣間見たような気がした。頭取はいつまでたっても相談役の部下であり、相談役はいつまでも頭取の上司なのだ。この関係は変わることがない。社長や頭取という、名目上のトップになっても、実はその上にかつての上司が控えていて、いつまでたっても部下扱いされてしまうのだ。

この関係は、意外と大企業に多い。

この相談役は銀行内では「中興の祖」として扱われていたが、これほど面倒な存在はない。

創業者が偉いのは当然だし、部下だって彼に従おうとするだろう。ところが大企業では、時々、創業者でもオーナー一族出身でもないのに、「中興の祖」と呼ばれる〝名経営者〟が現れる。これがなかなか厄介な病の原因になる。

彼らは、業績が悪化していたのを立て直したとか、彼の時に業績が著しく伸びたという武勇伝を持っているのだが、実はたいていの場合は単に時代が良かったからに過ぎない。それでもいつの間にか、「中興の祖」として祭り上げられ、社長、会長、相談役と会社にずっと居座り続け、トップの人事権を握って放さない。取締役相談役という肩書が付いている場合が多いが、取締役として何か責任を負っているわけではない。

最近は、取締役の肩書が取れた（社外取締役が増えたことやいつまでも取締役でいることへの外部からの批判に配慮している）人もいるが、実態はまったく変わらない。

あくまでも実権は「中興の祖」が握っているのだ。

どれほど高齢に達しようと、生きているかぎりは毎日会社にやって来る。家にいても面白くないからだ。彼にとって会社は自分の子どもだ。死ぬまで子離れしない。業績が悪くなると、彼の鶴の一声で、社長のクビが飛んでしまう。だからみんなが彼を恐れ、「そろそろ会社から退いてください」と誰も切り出せない。

こうなってくると、「中興の祖」は社内に毒をまき散らし始める。彼らは、自分の寝首を刈るような野心家の部下や、自分より優秀な部下を決して引き立てはしない。忠実で、凡庸な部下を寵愛《ちょうあい》するからだ。かくして社内の空気は淀《よど》み、活気が失われ、新しいアイデアは生まれず、業績は坂道を転げ落ちる一方となる。それでも中興の祖は、自分が病の元になっているという自覚がないから、会社を去ろうとしない。

「俺はかつて業績を立て直したのだ。それにひきかえ、いまの経営陣の体《てい》たらくは何だ！さっさとクビにして次の人材に任せよう」

などと考え、ますます「今こそ、俺の力が必要にされている」と勘違いを強めてしまう。

こんな会社はいくらでもある。これから就職先や転職先を選ぶ若者は、「中興の祖」が存在する会社にはよくよく注意することだ。

タイプ別「バカ上司」

上司はいつまでも上司、部下はいつまでも部下。この関係は死ぬまで続く。部下にとって上司の存在は、不治の病のようなものだ。

ことほど左様に、困った上司は掃いて捨てるほどいるのだが、なかでもひどいのは、次のようなバカ上司だ。

まず初めに取り上げなければならないのは、「実績一辺倒バカ」。

これは、やっとこさ課長あたりになった人間が陥りやすい類型だ。同期に比べ昇進が遅れ気味だったので、やっきになって実績を上げ、ようやく昇進を果たしたのだ。

　課長になり、部下もできたが、「この部下たちを上手く動かして今までの3倍も4倍も実績を上げなければ、俺の出世はここで終わってしまう」と常に不安に付きまとわれている。

　ところが部下は上司の思いどおりには働かないものだ。新米課長は「なんとかしろよ」とイライラして、ついつい自分で動いてしまう。そうなると部下はますますやる気をなくすという悪循環に陥るのだ。あげくのはてには、「お前ら、遊んでいるのか」などと部下を怒鳴りつけるパワハラ事件にも発展しかねない。そうでなければ、課長自身がストレスで夜も寝付けなくなり、そのうち鬱病になってしまったりする。

　部下を持つ立場になっても、平社員だった頃のような実績一辺倒の考えから抜けきれないから、こんな悲しい思いをするのだ。上司になれば、部下であった時代とは働き方も考え方も変えなければならない。会社の将来を見据えつつ、部下のやる気を引き出す工夫が必要なのだ。

　こんなバカにならないためには、ヒラの時からバカな上司を冷静に観察し、「自分が上司になったらあんな風にはならないぞ」と大いに反面教師にしておくに限る。

　続いて登場するのは部下の文句ばかり言う「不満バカ」。

　自分が原因で成績が向上しないのに部下の文句をやたらと言う上司がいる。自分はもっと仕事ができた、今の連中は根性がない、工夫がない。なんにもない、とまあ言いたい放題だ。

これを自分の家での独り言で済ませているうちは問題がない。ところが、中には人事部に部下の無能ぶりを訴えてくるバカがいるから呆れてしまう。

私が人事部で仕事をしている時、ある支店長が頻繁に人事部を訪ねてきた。彼の口から飛び出すのは、決まって部下の悪口だった。

「部下がダメだ。仕事ができない。一人もまともなヤツがいない。これで成績を上げろというのは無理だ。いい人材に代えてくれ。あそこの支店には良い部下がいっぱいいるじゃないか。ウチにも一人くらい回してくれ」

やれやれと思いながら、私はやんわりと押し返す。

「部下を育てるのが支店長の仕事でしょう」

「なに言っているんだ！　うちの部下たちは育てようとしても育つようなヤツらじゃない」

そんなこともあるのかも、と思いつつ、人事部としては引き下がるわけにはいかない。

「某支店のことを言われましたが、隣の芝生は青く見えるものですよ」

「本気で言っているのか？　事実、青々としているじゃないか。俺のところの芝はすっかり枯れてしまっているぞ」

「タカハシ君（仮名）がいるじゃないですか？　今年は昇格の期待がかかっていますが」

タカハシ君は、若干昇格が遅れてはいるが、頑張り屋の若手行員だ。私はその年の昇格会議で、彼を管理職に推薦しようかと考えていた。

「あんなのはダメだよ。役に立たない。代えてくれるなら代えてくれてもいいぞ」

「えっ、本当ですか。前任の支店長からは高い評価を受けていましたが」

「いや、あいつはまったくダメだね」

私はガックリした。この時点でタカハシ君の昇格の目はなくなった。昇格申請時に支店長がどれだけ仲人口《なこうどぐち》をきいても、私の頭の中でタカハシ君に×の記号がついてしまった。他にも推薦したい行員はいるのだ。いかに部下をよく言わない支店長だとはいえ、上司からまったく評価されていないタカハシ君を他の行員より優先するわけにはいかない。

その支店長は、とにかく自分のことを棚にあげて部下の文句ばかり言っていた。これは、人事部員から見れば、上司自身の無能さの証明なのだが……。

こんな上司に仕えなければならなくなった部下は不幸だ。どれだけ仕事に打ち込んでも、タカハシ君のように昇進もおぼつかなくなってしまう。

あなたの上司は、裏であなたたちの文句ばかり言っていないだろうか？　そしてあなたの部下は、あなたの下で働くようになって幸せになっただろうか？

一生恨まれるモラハラ

企業内で多いハラスメントの筆頭はパワハラだろう。

権力を笠に、部下にいわれなき苦痛を与えるパワハラ上司はどこにでもいる。彼らは「部下はなんでもいうことを聞く」と思い込んでおり、そのうちカルト教団の教祖のように、何をやっても許されるような気になるのである。

閉鎖的な集団が出来上がってしまうと、セクハラも頻繁に起きる。その特殊な空間の中で、自分の言動がいかに非常識かを判断できなくなってしまう。

単身赴任中のスガワラ支店長（仮名）は、支店内の親睦を深めようと、日曜日に部下を支店長社宅に集めて飲み会をした。

男女数人の部下行員が集まり、酒を飲みながらワイワイと楽しい時間を過ごしていた。

その中に如才《じょさい》ない部下がいて、「支店長、単身赴任でお寂しいでしょうからアダルトビデオを持ってきました。みんなで鑑賞しませんか」と声をかけてきた。

「キミ、それはダメだよ」と、支店長は言わなかった。かわりに、ニヤリとしながら「いいねぇ」と応じてしまったのだ。

その夜の親睦会はＡＶ鑑賞会となってしまった。上司と親睦を図るためにやってきていた女子行員にしてみたら、とんでもないハラスメントだ。

翌日、人事部に女子行員からセクハラの訴えがあった。「見たくもないアダルトビデオを無理やり見せられた。支店長も一緒だ」という。もちろん支店長は厳重な処分を受けた。この支店長、地元に残してきた家族には、処分の理由をどう説明したのだろうか。

会社には、モラルハラスメントも多い。

頭が痛いと訴えてきた部下に「何を怠け根性を出しているんだ。死ぬまで働け」と命じた支店長がいた。その後、この部下はくも膜下出血で倒れた。

「妻が体調が悪いと連絡してきました。帰らせてください」と訴えてきた部下に、ある支店長はこう言った。「女房ごときでガタガタいうな。さっさと書類を作れ」。

間もなく、部下の妻は病気で入院した。以来、この部下は支店長を恨み続けている。

「我慢」はやめたほうがいい

バカな上司と出会ってしまった場合の一般的な対応法はだいたい次の3つではないだろうか。

1・逃げる
2・後任と交代するまでひたすら我慢する

3・我慢できなければ、オープンな場で大声で戦う

最善の策は、1の「逃げる」だ。とにかくどんなやり方でもいいから逃げろ。逃げて生き延び、バカの被害に遭わないようにする。これが最高だ。

それができなければ3のように戦うことだ。

この戦いは「窮鼠《きゅうそ》猫を嚙む」戦いでいい。一度ガブッと嚙みついておけば、意外と大人しくなる上司もいる。

これまた経験談で恐縮だが、銀行員時代、ものすごい意地悪な部長と飲んでいた時のことだ。部長は酒の席でも、部下の無能さをネチネチとあげつらったりしていた。すると、普段から私が頼りにしている先輩行員が、「そのとおりです！」と言って、突然、部長の膝を思いっ切り叩いたのである。

部長は顔を歪めて痛がっていたが、なぜかその日を境に、先輩行員や私に優しくなった。先輩のあの一撃が、上司の中の何かに変化をもたらしたとしか思えなかった。

ちなみに、もう一つの選択肢、2の「後任と交代するまでひたすら我慢する」だけはいただけない。「わずかな時期だけの辛抱だ」などといって我慢していると、本当に病気になってしまう。ストレスを溜めこまず、上司と付き合っていく方法を考えるべきなのだ。

⑤ 左遷という病
不本意な異動から開ける運もある

私の好きな言葉に「人事に左遷なし」というものがある。不本意な辞令を受け取っても、この言葉を思い出せば自分を納得させることができる。

「人間到るところに青山あり」という言葉も好きだ。

人間は「じんかん」と読む。青山（せいざん）は墓地、骨を埋める場所のことだ。

「人の世は、どこにでも骨を埋める場所はある、だから広い世界に飛び出して大いに活躍しよう」といった意味だ。

私は、行員の人事異動を担う人事部にいたが、そこでは前述のように、東大出身の先輩部員が、平気で東大卒の後輩をエコひいきして人事を差配していた。

「こいつは東大か。頭がいいから、支店では役にたたないが、調査部だったらいいだろう」という具合に、ダメ行員でもエリートコースの調査部に異動させた。

別の私大出身行員は、少しでも支店長の評価が低いと大型店から小型店へと躊躇《ちゅうちょ》なく転勤させた。明らかな左遷だ。理由は「頭が悪いから」である。

私自身は、明白な左遷人事にあった経験はない。自分ではそう思っていた。

しかし、高田馬場支店長に異動した時、あちこちから慰めの電話がかかってきた。

「江上さん、もうドイさん（仮名）に逆らわないほうがいいですよ」

ドイとは当時最も権力を握っていた副頭取だ。誰もが彼の言いなりだった。

「誤解ですよ。私は逆らったことはありません」

実際、そのとおりなのだが、なぜかドイは私を敬遠していた。

この人事の前に起きた総会屋事件の収拾のために、ドイとは協力関係にあったのだが、そのこと自体がドイには面白くなかったのかもしれない。ミステリー風に言えば、「知り過ぎた奴は殺せ」という感じか——そんな大げさなこともないだろうが。

え？ 俺って左遷なの？

ある役員からも同じような電話があった。

「大人しくしていれば、そのうち役員になれるんだから」

「私は大人しくしてますけど……」

「いやいや、経営統合に関して何かと意見を差しはさんでいるらしいじゃない。そういうことをするなってことだよ」

当時、私が勤務する第一勧銀は、富士銀行、日本興業銀行との経営統合に向けての準備に着手していた。私もその準備委員会の一員だった。

どうもそこでの振る舞いが、上のカンに障ったらしい。

「良い銀行を作ってください」というのは自殺した相談役の遺書に書かれていた言葉だ。泣く泣く逮捕されていった役員たちも同じ言葉を私に託していった。だから私は、「良い銀行」を作りたかった。そのためには自行の利益だけを優先する統合計画ではなく、お互いが譲り合いながらベストチョイスを探るべきだと考えていた。

つまり私は公平過ぎたのだ。自分の出身銀行のみの利益を図る行動をよしとしなかった。それが、ドイのような第一勧銀のトップ連には面白くなかったのだろう。

ドイたちは、譲り合いは敗北と考えていた。自分の銀行の利益を追求し、相手を屈服させれば、誕生する巨大銀行をわが手で牛耳《ぎゅうじ》れる……。そんな妄想を描いていたのだろう。

だから私が「うるさくて邪魔」だった。

「江上さんが本部を出されるとは思いませんでした。頑張ってください」

かつての部下が声をかけてくれた。

「初めて支店長になる君には、もったいないほど大きな店なんだが、不良債権が多くてね。

大変だけどよろしく頼むね」

これは頭取の言葉だ。激励にも何にもなっていない。

高田馬場支店は、地方の小規模支店ではない。通常であれば、決して左遷ポストではない。だが当時、支店最大の融資先は100億円以上の不良債権を抱えて倒産寸前だった。そんなことは発令時にはひとことも言われていなかった。

要するに、役員や人事部員の話、支店の実態などを総合すると、この時の私はどうも「左遷」されていたらしいのだ。そのことを自覚するようになってから、「人事に左遷なし」「人間到るところに青山あり」と呟いていた。

実際、この高田馬場支店での経験は、私の人間としての幅を広くし、人脈を太くしてくれた。得難い経験をさせてもらったと今では感謝している。

人生の手本は、「釣りバカ日誌」

その後、高田馬場支店から築地支店に異動になるのだが、その時も人事部員の後輩から電話がかかってきた。

「すみません。江上さんを本部に戻すことができませんでした。本部に戻す人事案を出したんですがドイに阻止されました。『あいつが戻ってきたらうるさいから』と。それで、次の人事で参事にするために相応《ふさわ》しい店を探し、築地支店にしたんです」

参事というのは役員一歩手前の資格。一線の銀行員としては最高位と言っていい。同期の中で真っ先に参事にすると約束してくれたようなものだが、そんなことよりも、ドイが私をどうしても本部に戻したくないと思っていることが愉快だった。

「気にするなよ。本部みたいにチマチマしたところより私は支店のほうが気楽でいいんだ」

本音だった。何しろ築地支店は、みずほ銀行で最大の支店であり、やり甲斐もある。

それでも彼は「すみません。次回は頑張りますから」と再び謝罪の言葉を口にしてから電話を切った。

人事部員が何度も詫び言を言うのも無理はなかった。この築地支店への異動も実は「左遷」だったのだ。前回と同じように、この支店も巨額の不良債権問題を抱えていたのだ（そしてこの時も、例の二つの言葉を呟きながら自分を鼓舞した）。

考えてみれば、この二つの左遷が「作家・江上剛」を作ったともいえる（たいした作家ではないが……）。私はこの左遷を通じて、会社組織や人間の裏側を見る観察眼を磨き、また支店勤務時代に作家となるための文章力の基礎を身に付ける時間を得た。「小畠晴喜《こはたはるき》」という銀行員が「江上剛」という作家に生まれ変わるには、この左遷という触媒が不可欠だったのだ。

人生というのは何がどう転ぶか、本当に分からないものだ。だからこそ思う。「左遷」なんかでくよくよする必要はまるでない。生きていればなんとかなるし、それなりに幸せに生きることだってできる。むしろ左遷されたことが、その後の人生を切り開く転機になる可能性だってあるのだ、と。

私はサラリーマン人生の手本は、「釣りバカ日誌」の〝ハマちゃん〟こと浜崎伝助のような生き様だと思っている。どこに転勤を命じられようと釣りさえできれば幸せを実感する。あれは人生の達人の生き方だ。あんな風に生きられれば最高だ。

人事部の免罪符「適材適所」

「適材適所」という言葉がある。人事異動を命じる側が都合よく使う論理でもある。サラリーマンたるもの、「あそこの部署には、君が適材だと思ったのだよ」という上の一言で異動しないといけない。

会社員は、会社の命令で、どこにでも行かねばならない。それを正当な理由なく拒否すれば退職するか、閑職に甘んじなければならない。会社も正当な理由なく本人が非常に嫌がる人事異動を強制してはいけないことになっている。人事権の濫用《らんよう》は禁止されている。

ただし、どんな場合でも「適材適所」が会社の論理だ。

長年の夢であった自宅を購入した途端に人事異動を命じられ、マイホームに住めなくなったという人は多い。そのためか、「持ち家になれば転勤」という都市伝説がある。

実はこれは都市伝説ではなく、本当のことだ。

私が人事部にいた頃に、会議でこんなやり取りがあった。

「彼は一度も自宅を離れたことがないね。一度くらいいいだろう」

「でも自宅を新築したところですよ」

「そうらしいね。でももう1ヵ月も暮らしているんだから十分じゃないの」

これで件《くだん》の行員は、地方店に転勤させられた。自宅の新築は遠隔地への転勤を阻止する理由にはならず、むしろ「自宅を建てたのならそろそろ転勤させてもいいだろう」と思われてしまうのだ。

転勤させられた人が、何年かして自宅に戻ってくることができても、転勤中に他人に貸していたため、新築だったマイホームがボロボロになっていたと嘆く人もいる。まことに同情を禁じ得ない。

それでも、数年たてば自宅に戻ってこられる転勤ならば、まだラッキーかもしれない。

最近増えているのが「外外異動」だ。海外にある拠点から別の海外拠点への人事異動である。ロンドンからパリ、パリからニューヨークという具合に、この20年間、一度も日本の土を踏んだことがない――などという会社員が増えている。

国内で収益があげられなくなった日本企業は海外で稼がねばならない。そこで重宝されるのが海外勤務の経験が豊富な人材だ。収益を上げるためには、どうしても各地に海外勤務経験者を送りこまねばならない。未経験者では即戦力にならないからだ。

だが、当の本人にとってみれば、たまったものではない。

「子どもがグレちゃって」と海外支店勤務の幹部に嘆かれたことがある。彼もまた外外異動の単身赴任が続いており、家族は日本に残したままだった。

妻が一人で子育てに奮闘していた。それでも、子どもが小学生くらいまではよかった。それが中学生、高校生ともなると女手には余ることがある。嘆き節が飛び出したのは、ちょうどその頃だった。

「いい加減に日本に帰してほしい」と彼は訴えていた。家庭が壊れてしまっては、何のために働いているのか分からなくなってしまう。

ところが、そこで人事部が言う言葉はこうだ。

「適材適所ですからね」

そう言えば誰でも納得すると思っているのだろうか。この感覚が人事部の怖いところだ。

人事部が言う「適材適所」は、少し疑ってかかったほうがいい。

「降りる」のも一つの選択肢

日本のメガバンクは近年、従来の欧米偏重から、アジア重視に姿勢を変えた。欧米より、中国や東南アジアのほうがビジネスチャンスが増えているからだ。そこでどの銀行も欧米勤務者をアジアに転勤させはじめた。昨日までニューヨークのマンハッタンのカフェで金髪美女と語らっていた銀行員が、翌日には蒸し暑いインドネシアのジャカルタでひどい渋滞に巻き込まれていたりする。

ここでも人事部は同じことを言う。

「適材適所です。欧米で培った金融ノウハウをアジアで活かしてください」と。

ニューヨークで培ったノウハウがジャカルタで生きるのか？　いや無理だろう。銀行が「適材適所」と言うときは、単に行内で十分な人材を育てていなかっただけで、そのツケを一部の人間に押し付けているだけであることが多い。

適材適所と言われた人物は、多くの人材の中から自分を選んでくれたかのように受け止めているかもしれないが、それはまったくの勘違いだ。ピンポイントで狙われたに過ぎない。

どこの会社だって、それほど長期的なビジョンで人材を育ててはいない。だから、アジアが活況を呈しても、選べる人材は数人しかいない。そこで「外外異動は可哀そうだ」と思いながらも「海外経験者の彼を選ぶしかない」というのが実情なのだ。

私の知人で、どこにでも転勤しなければならない総合職から、一定地域でしか転勤しない地域総合職に変わった人がいた。仕事より家族を優先したのだ。その選択を彼は後悔していない。出世はできないが、地域に根差し、家庭を守り、生活を楽しんでいる。

「いい選択だった」と彼は言う。表情も穏やかになった。適材適所という甘い言葉の車から自ら降りたのだ。

会社というのは、いかにも社内の人材育成に配慮しているように装うのが上手いが、その実、人材をどう育てるかについて定見がない場合が少なくない。

一方、社員のほうにも、自分の人生をどう組み立てるか、深く考えていない人が多い。だから、いい加減な会社の言いなりになってしまうサラリーマンが後を絶たないのだ。

そうならないためには、自分の人生をどう生きたいかを考えた上で人事異動の発令を受けたいものだ。総合職から地域総合職に転じ、出世レースから一歩引いた働き方を選んだ彼の選択からは、学ぶべきことが多いと思う。

もっとも、自分や家族が納得して、長期の海外赴任や単身赴任を受け入れるならば、それもまたよしだろう。

大企業の社員は、同じ地域での勤務が3年以上続くと、「癒着してはいけない」ということで異動の対象になる。銀行は、金融庁による金融検査で、長期にわたって同じ部署で勤務している者はいないかが調査対象になる。

だが、中小企業や中堅企業はそうそう代わりの人材がいるわけではない。

ある中堅メーカーのインドネシア現地法人を取材したことがある。その会社には日本人社員が5人いたが、全員が20年以上インドネシアに住んで勤務していた。

驚いた。20年以上も勤務していると、もうほとんどインドネシア人である。

現地法人の社長は「3年では何も分かりませんよ。10年以上いて、やっと現地のニーズが分かるかなってとこですね」と言った。

中小企業の逞《たくま》しさを感じた。この現地法人の社長は、インドネシアの専門家として会社の内外で活躍中だ。何事も極めると一流になるという、生きた証拠だ。本人や家族が納得ずくでの長期海外勤務なら、こんな好事例も生まれてくる。

やはり「人間到るところに青山あり」だ。家庭が疎《おろそ》かになるのでなければ、「左遷」や「外外異動」も、受け止め方次第で自分を成長させてくれるステージとなる。

これだけは間違いない。

⑥ 会議という病
この世の会議の9割はムダである（たぶん）

ある実話から話をスタートさせよう（名前は仮名だが……）。

ヤマダは大手銀行の本部に長らく勤務していたが、人事異動で初めて支店長を拝命することになった。赴任することになる支店は都心の旗艦店というわけではないが、かといって「上がり」用の小型店というわけでもない。業績を伸ばせばさらなる昇進の道も開けてくる。

「よし、やってやるぞ！」

辞令を受けたヤマダの心中には期するものがあった。

さて初出勤日。朝礼で支店の行員たちに新任の挨拶を済ませると、副支店長のスズキがいそいそと近寄ってきた。高卒で入行したスズキは支店の現場経験が長い。営業現場の経験が少ないヤマダが円滑に支店を運営するためにはスズキのようなベテランに頼らざるを得ない。

「支店長、よろしいでしょうか」

「はい、スズキさん、なんでしょうか？」

ヤマダはにこやかに答えた。

「今日の予定を申し上げます」

ヤマダは「へぇ」と思った。(支店長ともなると、副支店長が予定を管理してくれるのか。まるで私設秘書を持っているようじゃないか)。

ちょっとだけ、出世を実感することができた。

「さて、まずどのお客様からご挨拶に伺いましょうか」

親密な取引先に新任支店長が挨拶に出向くのは最低限の礼儀だ。新規顧客の開拓など、支店の業績を引き上げる努力も必要だ。これから忙しくなるぞと、ヤマダは覚悟を決めていた。

ところが、副支店長のスズキは「は？」と言ったきり、困惑の表情を浮かべている。

「お言葉ですが、支店長、そんな時間はございません」

今度はヤマダが困惑した。

「ではどんなスケジュールなのですか」

「まず10時から事務会議です。続いて11時から検査向上会議。昼食をはさんで13時から営業会議で14時からは住宅ローン推進会議が始まります。15時からは投資信託会議、16時から融資会議、17時から戦略会議になっています。さらに18時からは……」

「ちょっと待ってくれませんか」

思わずスズキの言葉を遮った。

「それじゃあ一日中会議じゃないですか」

「そうですよ」

なにを当たり前のことを――スズキの顔はそう言っていた。

「お客様のところには、いつ訪問すればいいのですか？　明日ですか」

「明日も、今日同様に会議が続いています」

「○×□♪★＃！」ヤマダは声にならない悲鳴を上げた。

原因は「責任を負いたくない」病

実際には、銀行の中で最も会議が多いのは支店のような現場ではない。むしろヤマダ支店長が直近まで勤務していた本部という中枢部門こそ、会議のオンパレードなのだ。本社や本部で会議が多いから、それにならって支社や支店でもどんどん会議が行われるようになる悪循環。これは多かれ少なかれ、大企業ならどこでも共通する体質だろう。

では、なぜ本部や本社はあんなにも多くの会議を開くのか？

実はこれ、上司と部下の双方に蔓延《まんえん》する「無責任体質」の賜物《たまもの》なのである。

ある案件があったとしよう。実施スピードが要求される案件なので、担当者は上司の許可を得れば、すぐに実行したいと考えている。ところが上司は「関係部署の担当者を集めて会議を開け」という。理由は簡単だ。上司に自分一人で決断する勇気がないからだ。だから失敗した時に備える保険の意味で、会議を開くことを担当者に要求する。これなら失敗しても、「俺一人じゃなく、みんなで議論して決めたことだろう」と抗弁することができる。

一方、会議に集められたほうにも「責任を負いたくない」病が蔓延している。

特にメガバンクの本部には「誰もなりたや関係部」と揶揄される、究極の無責任意識がはびこっている。ある案件が持ち上がると、関係部署の人間を集めて会議が開かれる。この会議に、「関係部」の一人として参加することがサラリーマンにとっては大事だというのだ。

そういう類いの連中は、案件が成功したら「俺も関係者として一枚嚙んだんだぜ」と吹聴し、功績の一部を横取りしに来るが、案件が失敗した場合には、「会議には出ていたが、その案件についてほとんど知らないんだ。全然聞いていなかったよ」と責任回避に走る。自分の都合のいいように、立場をクルクル変えられるのが「関係部」というわけだ。

これは銀行に限った話ではない。

2020年東京オリンピックの新国立競技場問題を見てみればいい。

オリンピック招致に成功した当初は、大して努力していない人間まで我も我もとばかりに

「自分が成功に導いた」などと言いだした。ところが新国立競技場の問題が浮上してくると「オレは聞いてないよ」と知らんぷりするヤツばかりになった。誰も責任を取ろうとしない。挙げ句の果ては安倍首相に丸投げして「白紙撤回」で終わりである。

歴史を振り返ってみると、太平洋戦争の終戦に向けた「御前会議」に至る過程とそっくりである。勝ち戦《いくさ》の時は、皆が争うように戦功をアピールしていたのに、一転負け始めると誰も責任を取らない。結局、最後は「陛下の聖断を仰ぐ」という形で決断さえも丸投げしてしまった。結局、今も昔もこの国のエリートたちは、最後の最後まで責任を取ろうとしない、無責任体質に好んで身を染めてきているのだろう。

だから、一人で責任を負いたくない上司は、関係者をぞろぞろ会議に呼ぶのが大好きだ。後になってから「オレは聞いてないよ」と言わせないための会議なのだ。

でも、そんなことしたって、これまた無責任な部下たちは、失敗した時には「オレは聞いてないよ」と言うに決まっているんだけどね。

昔から「小田原評定」の国

私は銀行員時代、「オレは聞いてないよ」と言う連中に我慢ならなかった。だから、あるトラブルが起きた時、逃げようとする人間に向かってこう言ったことがある。

「この案件については『聞いてないよ』などと言わせません。会議に出席されて、案件への承認印もいただいています」と。

するとと彼はなんと言ったか。

「その会議録を見せてほしい」

私は胸を張って会議録を差し出した。

「どうぞ見てください。あなたの承認印も押してあります」

その印影を見て、彼は信じられないことを言った。

「この印鑑は承認で押したんじゃない。その証拠に、天地がひっくり返っているだろう」

確かに真っ直ぐ押せば、彼の名前の「加藤」（仮名）だが「𠮷加藤」になっている。それが何か？

「これは不承認という意思表示だよ」

平然と彼は嘯《うそぶ》いたのだ。私は唖然としてしまい、不覚にも次の言葉が出なかった。

こんな奴ばかりいるのが本部だから「オレは聞いてないよ」と言わせないための会議がまた増える――という堂々巡りから抜け出せないのだ。

「会議なんかないほうがいい」

それを痛感したのは、インドでインド人ビジネスマンにバカにされた時だった。

インドでは家電の販売シーズンはある特定の期間に決まっている。つまり農閑期だ。インドは食糧自給率の高い農業国だ。農業には収穫の時期があるが、農家はその時に農産物を売って現金を手に入れる。だから、収穫を終え、翌年の準備に取りかかり始めるまでの農閑期が家電の売り時なのだ。

だから家電メーカーの営業マンたちはその時期を狙って営業攻勢をかける。つまりは安売りの大セールを展開する。ここが唯一の稼ぎ時だからだ。ところが日本の家電メーカーはまったく商売が下手で、韓国メーカーに徹底的に出し抜かれているというのだ。なぜか？ その答えをインド人ビジネスマンは、電話をかける真似をしながら教えてくれた。

「日本人はすぐ『東京に電話』。そんなことをしている間にセール時期は終わっちまうよ」

農閑期に家電を販売しようと思ったら、営業担当者は即断即決で魅力あるセール価格を決めなければならない。もしも他社がもっと魅力的な価格を打ち出してきたなら、即座に自分の責任で判断して、価格引き下げに踏み切らなくてはならない。なのに日本の家電メーカー担当者は、いちいち東京の本部へ電話して「どうしましょう」とお伺いを立てるのだ。

電話を受けた後、東京の本社でどのようなことが起きているかは目に浮かぶようだ。現地の実情を知らない人間が集められ、担当者会議、次長会議、部長会議、役員会議という具合に、次々と会議で検討が重ねられていることだろう。数々の会議を経て、ようやくゴーサインが出た時は、すっかり農閑期が終わり、セールの時期も終わってしまっている。

これこそ案件の責任をどんどん上に回し、いつの間にか「共同責任」という名の「無責任」に変質させていく、日本型経営システムの真骨頂だ。

万事がこんな調子なのだから、そもそも会議なんて全部なくすほうが理想なのだ。会議をなくそうと思えば簡単にできる。現場に権限委譲すればいいだけのことだ。併せて、失敗した時にはその責任を誰が負うかをシステム的にはっきりさせておけばいい。失敗の責任を現場に負わせてはいけない。そうなれば現場は動かない。失敗の責任を取るのは、本部であり、本部の偉い役員たちなのだ。こうすれば無駄な会議は確実に減る。

しかし、まあ、無理だろうな。どんな大会社も、霞が関の官庁も、中枢部で出世している連中が現場の失敗の責任を負うなんてことはないからだ。

フランスには「ノブレス・オブリージュ（高貴な人に伴う責任）」という言葉があるが、わが国にはこれに相当する言葉がない。日本にあるのは、いつまでも結論が出ない会議の代名詞「小田原評定」だ。戦国の世から、日本人は責任を持って決定することが苦手な人種だったのだろう。

絶滅させたい「会議の三バカ」

本来、会議とは出席者で議論を尽くし、皆が納得いく結論を導く有意義な行為だ。ところが大半の会議が無意味になってしまっている。その原因は、出席者にバカが多いからだ。いくつかのタイプを紹介しよう。題して「会議の三バカ」である。

まずは「根回しバカ」だ。

会議なんてその場で多くの意見を戦わせれば実りがあるもの、侃々諤々《かんかんがくがく》のほうがエキサイティングになるものだ。

ところが実際の会議では、意見がまったく出ないのが「いい会議」だと認識している人間が多い。そのため、異論が出ないように事前にくだらない根回しに回るバカがいるのだ。

根回し上手な奴っているものだ。こういう奴が出世するから日本企業がダメになる。根回し上手な奴は、うるさい役員や「聞いてないよ」という役員に時間を割《さ》く。またその際、ちゃっかり自分を売りこんでいく。うるさい役員に根回しの名を借りたゴマすりをするわけだ。すると彼らは「うい（かわいい）奴じゃ」とにっこり。彼の点数はぐいぐいあがる。こんな根回しバカがいるから会議は中身がなくなるのだ。

それでも会議で異論が出たとしよう。すると上司は途端に不機嫌になって、根回し担当に

「君は無能だ。私に恥をかかせた」と怒り出すから始末が悪い。どっちもどっちだ。かくして本部には「廊下トンビ」と言われる根回しバカがうろうろすることになる。

続いては「スリーピングバカ」。会議に出ても一切、発言することがない。眠っていることのほうが多い連中だ。こういう連中に限って「会議が多いね。忙しいね」と嬉しそうに言う。

官庁の会議の様子がテレビに頻繁に映し出される。ずらりと並んだお歴々を見て、「おお、充実しているな」などと庶民は感激する。しかしあんなのはたいていスリーピングバカの集まりだ。官僚が書いたシナリオを議長が読み上げ、その通りに一言一句の修正もなく進行していくのが普通だ。ではなぜそんな会議に出席するのか？

それはその場で配られる資料が欲しいからだ。日本は、官主導国家だ。決して民主主義じゃない。官主主義と言ってもいい。官庁で配られる資料には官僚が考えたエッセンスが詰まっている。会議に出なければ、それをもらえない。もらえた人はもらえない人を半歩リードすることができるし、できる気分になれるわけだ。

民間企業の会議にもスリーピングバカが多い。こういう連中は「取りあえず会議」派だ。「取りあえずお前、出席してこい」と上司に言われ、なんの問題意識もなく出席しているから発言せず、ウトウトと舟を漕いでしまう。出席することに意味があるなんて、会議はオリンピックじゃないんだぜ！

史上最悪の会議

最後は「結論出ないバカ」。会議を長引かせ、意味のないモノにする、最悪でリーダーシップのカケラもない連中が議長として仕切る会議だ。なにせまったく問題意識がない人間が議長に祭り上げられているのだから、右の意見、左の意見を裁けない。

若い頃、深夜から翌朝まで延々と同じ会議に出席していたことがある。その会議の議案は全国支店長会議で担当役員が行う演説の草稿を練るというものだった。

長引いた問題は「主語」につける助詞は「は」がいいか、それとも「が」がいいかという信じられないものだった。演説原稿中に「は」という助詞が使われた一文があり、誰かが「が」のほうがいいのではないかと言った。すると議長をしていた「結論出ないバカ」は、「そうですね」と言った。彼の頭の中には担当役員の顔でも浮かんでいたのだろう。

するとと別の人間が「いや、やっぱり『は』じゃないですか」と言った。こうなると「結論出ないバカ」の議長は、また「そうですね」となる。

「そんなのどっちだっていいじゃないか。俺の考えを担当役員に代弁させればいいんだよ」なんて言って、肚の据わったところを見せれば、すぐに結論が出るのに、担当役員の顔色ばかりうかがう習性が身についているから、彼は、いつまでたっても助詞一つ決められなかった。

延々と会議は続き、結局、「『は』か『が』か」問題については、担当役員にお伺いを立てるということになってしまった。まったくもって無駄な時間だった。

だけど、結論出ないバカは、こういうグダグダした会議が大好きなのだ。「会議に出ていれば、面倒な仕事から逃げることもできるし、周りからは『仕事をしているね』って思われるじゃん！」と嘯く者もいる始末だ。

こんなバカを撲滅するには、無責任幹部を会議の議長にしないことと、会議で発言しない奴はその会議から追い出すことだ。「会議は1時間、立ったままで行う」などといったようなルールを決めるのもよい。結論が出ようが出まいが関係なく、足がしびれて終わらざるをえなくなるから。

会議をなくそう。そして、客のほうを向こう。現場に権限を委譲しよう。本部は責任を取れ。これが会議という病を治すハードな治療、いわば外科手術だ。

ハードな外科手術より、じわじわの漢方薬がいいっていう人は会議をやり続ければいい。会社が危機を迎えているのに気づかず会議を続ける究極のバカになれるだろう。

⑦ 残業という病
それは上司の無能度のバロメーター

皆さんは、月にどのくらい残業していますか？

株式会社ヴォーカーズは、同社のウェブサイトに回答したおよそ6万8000人の会社員による勤務先企業に関するレポートを分析して、残業時間に関するデータをまとめている。その結果、平均の残業時間は月間47時間になるそうである。1ヵ月に20日出勤するとすれば、1日平均2時間少々の残業時間だ。

同社はさらに細かい分析をしている。どの世代においてもおおむね年収が高い人ほど残業時間が長いそうで、残業時間が長い業種の上位には、コンサルティングやシンクタンク、広告代理店や建築、マスコミなどが並んでいる。

工場勤務の人は、大企業であればたいてい時間管理がされており、時間外手当が支給されているだろう。好景気になって工場がフル稼働して残業が増えると、家計が潤い、消費が増えて、さらに景気が上昇する――なんて好循環が真面目な顔で議論される。

ところがホワイトカラーと呼ばれる人種はまともに残業手当をもらえない場合が多い。少なくとも私は、銀行員時代にまともに支給されたことはなかった。

労働組合がある会社は、組合との間に「三六協定《さぶろくきょうてい》」という労働基準法に基づいた協定を結び、時間外労働に関するルールを定めている。第一勧銀もそうだった。だから一定時間を超えて残業を命じることはできなかったはずなのだが、そんな協定はまったく関係がなかった。

苦い思い出がある。

入行して配属された梅田支店は、大阪駅そばの大型店でメチャクチャ忙しかった。銀行員になりたての私は何も分からない。バタバタと1日が過ぎていく。午後5時、6時……。女子行員たちはすでに帰宅した。残っているのは私と課長と係長だけだ。午後10時になっても新入行員の私に「帰れ」の一言がない。何をやっていいか分からないから書類を見たり、手続きの勉強をしたりしていた。もちろん残業手当はつかない。

私は、思い余って自ら「帰ります」と言い、午後10時過ぎに支店を出て帰る日が続いた。独身寮に戻ると夕飯はもうない。風呂に入ると垢《あか》がいっぱい浮いていてドロドロしているようで汚い。他の同期入行者は、早く帰ってきて温かい夕飯を食べ、きれいな湯に浸かり、新入行員に課せられた勉強にいそしんでいた。私は、風呂から上がり、畳一畳ほどの狭い部屋で買ってきた1リットルの牛乳を飲みながら寝るという毎日だった。

なぜこんなに残業をしているのか。課長や係長は、きっと不正をしているから、それを隠すために最後まで残っているのだ——そんなことを思っていた。

新入社員、怒りの寿司折り

ある土曜日のことだ（当時は土曜日も銀行は業務をしていた）。

この日も残業は午後10時に及んだ。

「あれ、まだいたの？　新人だから帰っていいよ」

課長が私を見つけて言った。

なんという言い草だ！　4月当初に配属されてからずっと遅くまで一緒に働いているじゃないか。今日は土曜日だ。土曜日なのに午後10時までいるんだぜ！

私は「帰ります」と大声で叫ぶと、支店裏にある人気の大衆寿司店に飛び込んだ。ビールを飲み、寿司を食べたところで、「土産を三つ作って」と頼んだ。

腹ごしらえの済んだ私は、その土産の寿司折りを持って支店に戻った。帰ったはずなのに戻ってきた私を見て、課長はちょっと驚いた顔をした。

「どうした？」

「死ぬまで働け！」

私は吐き捨てて、三つの寿司折りの土産を突き出すようにして手渡した。

「あ、ありがとう……」

課長は、部下の不躾《ぶしつけ》な口調をとがめることもなく、呆然と寿司折りを受け取った。

戸惑うのも無理はない。新人が赤ら顔で寿司折りを持ってきて「死ぬまで働け」なのだから。私が立ち去ってから、「この寿司、毒でも盛ってあるのでは」と思ったかもしれない。

私はこの日を境に、無駄な残業を心底憎むようになった。

ただし、命じられれば残業をしなければならない。それ以降も残業残業の世界にどっぷり浸かっていた。

梅田支店で融資課にいた時のことだ。あまりに下らない朝令暮改の指示ばかりする課長に反発し、時間外記録票（手書きで自分の時間外勤務を適当に調整しつつ記入する）に正直に目いっぱいの残業時間を記録した。すると1ヵ月200時間を超えてしまった。

「すげぇ！」と自分でも驚いたのを覚えている。

この書類を見た課長が私を呼び、小声で言った。

「言いにくいんだけど、これ、書きなおしてくれないかねぇ」

顔には、明らかに困惑の色が浮かんでいる。

「だったら下らない指示を止めて残業を減らすように努めてください」

断固とした口調で反論すると、課長の表情が強張《こわば》った。その場の空気が凍りつくのが私にもよくわかった。その後、梅田支店から芝支店に異動したが、その際に課長間で「江上に注意。彼は共産党かも」という申し送りがなされていたことを後で知った。

サボったから生き残れた

私が残業を憎むのは、時間外手当がまともに支払われないからではない。無意味な残業をしていると、結局はダラダラ仕事になり、生産性が下がるばかりだからだ。

初めての本部勤務となった業務本部総括部は、支店の営業推進のための企画を行う要《かなめ》の部署だった。当然、猛烈な残業部署である。深夜の2時、3時まで仕事をして、タクシーで帰宅。また6時には家を出るような生活を続けていた。

金融自由化の渦中だったから経営計画策定が大変だったという事情もあった。

毎晩、帰りが遅いと疲労が蓄積する。それでも、どうして過労死しなかったのだろうか。

実は、真面目に働いていなかったからだ。

「どうせ今日も残業だ」と思うと、朝はまず同僚と喫茶店に入り、そこで居眠りしたりしていた。朝からフル稼働せず、サボっていたからなんとか生きていられたのだ。そうでなければ睡眠不足で死んでいただろう。実に馬鹿げた話だ。

ではなぜこんなに馬鹿げた残業が横行しているのか。答えは一つ。上司がバカだからだ。

上司が残業を本気で減らそうと思って、業務の効率化を真剣に考えていたら残業はなくなる。そうすれば、部下は人生を二倍、三倍生きることができるのだ。

上司が会社を自宅同然にして、いつまでもぐずぐずしていたら部下は遠慮して帰れない。

馬鹿げた残業が多いもう一つの理由、それは、時間をかければかけるほど、よく働いていると評価するバカな上司が多いからだろう。

休日出勤を強《し》いる上司がいた。私は、どんなに忙しくても休みは休みという主義だった。

「江上君、みんな休日出勤して頑張っているよ。君も出勤したら？」

部長が言ったので私は反論した。

「お言葉ですが、休日出勤して誰かが何か具体的にアウトプットしていますか？　企画をあげていますか？　いないでしょう。部長は部下に『休日出勤なんかするな。そんなことよりアウトプットを増やせ』と指示すべきです」

露骨に嫌な顔をされた。

実際、日本はホワイトカラーの生産性が低いと言われる。G7（主要先進7ヵ国）中最低らしい。どのように計測するのか、はっきりとした基準があるわけじゃないだろうが、とにかく残業が多いから、そういう結果を生むのだろう。

休日出勤のような不当な残業を強いるくらいなら、企画部門はアウトプットを競わせるべきだ。一日中、朝から晩まで会社にいて良い企画が出るはずがない。土日にゆっくり休み、家族と触れあったり、友人と遊んだりして、仕事モードではない、リラックスした頭にしてこそ魅力あるヒラメキが生まれるのだ。

よく作曲家や作詞家が、トイレに入っている時や入浴中に新しい作品のアイデアをつかんだというエピソードを披露するが、そういう場所でアイデアが浮かぶのは、脳もゆっくりしている時だからだ。

ビジネスマンが作る企画だって同じだ。リラックスしないことには浮かんでこない。とにかく休日は休むにかぎる。

「自分のために」働く

入行直後に配属された梅田支店ですっかり残業嫌いになった私が、年を重ね、支店長になった。高田馬場支店だ。大学や個人・中小企業取引で忙しい店だった。

当然、残業ばかりなのだが、業績は最悪な状態が続いており、行内の業績優秀賞なんて取ったためしがなかった。

そこに着任した私が最初にしたことは、「残業なし」宣言だった。

内部事務は5時に、営業は遅くとも7時に帰宅することとした。

支店の幹部連中は泡を食ったように反対した。「できません、無理です」を連呼した。

「やってみよう。何か問題が発生したら、それを潰していこう」

私は言った。そしてもう一つ提案したのだった。

「みんな、今年1年でやりたいことを言ってほしい。それを書いた紙を張りだして目標にしよう」

泡を食っていた幹部連中が、今度はキョトンとしはじめた。

それ以降、私は行員と全員面接し、意図を説明した。みんなから上がった目標は「ディズニーランドで働く」「英語の資格を取る」「お花を習う」「新規開拓を実現する」などなど。仕事上の目標もあれば自己啓発などもあり、盛りだくさんだった。

私は、彼らにこう言った。

「自分がやりたいことを実現するため、いま何をしたらいいか。それを自分で考えてほしい」

私は、彼らが目標を実現できるよう、サポート役に徹することにした。するとどうだろう。残業はみるみる少なくなった。それだけではない。業績は向上し、最高評価を受け、優秀賞も受賞した。いいことずくめだった。なぜこうなったか。

行員たちは自分の目標を達成するためには、自分の時間を確保しなければならないということに気づいたのだ。「自分の時間確保」↓「残業を減らす」↓「どうやって減らすか自分で考える」↓「業務プロセスを工夫する」↓「残業が減り始める」……。このような循環が起き始めたのだ。

新規開拓のように、仕事上の目標を掲げた行員とは私は一緒に新規取引先を訪問した。彼は、どんな取引がいいか、自分で勉強しながら取引先に提案するようになった。

内部事務で残業の原因になっていた報告書や会議を減らした。余計な仕事は排除し、誰もが自分のために効率化を意識した。言われてやるんじゃない。自分たちで進んでやりはじめたのだ。

「自分のために働く」という意識が、自分の頭で考える習慣を身につけさせた。上司が余計なことを言わなくなれば、自然とそうなるものなのだ。

私は5時になったら支店を出るようにした。私がいると、先に帰るのを遠慮する者がいるかもしれないからだ。こうしてできたアフター5の時間を利用して、私は朝日カルチャーセンターに通い、文章の書き方を勉強した。それが、小説家になる基礎の基礎になったのである。つまり、私が残業を減らす運動をしなければ、自分自身、作家になっていなかったかもしれない。

残業が「残業」でなくなる時

私は、このやり方を次の築地支店でも採用した。やっぱり成功した。人間というものは、自分のために働く時に生き生きしてくる。それが証明された。

強いられて行う残業は自分を滅ぼすものなのだ。

しかし、強いられずにやる残業は疲れないし、楽しい。自分のためにやっているから残業だという実感もない。私が残業をしても疲れなかった時代は、自分が会社とともに伸びているという実感があったからだ。たとえ錯覚であっても身体は熱を発するほど元気だった。

今、作家になって原稿を書く時、深夜になっても残業だなどという意識はない（当たり前だけど）。それはなぜか。他人に強いられていないからだ（編集者に叱られながら書いたり、見直したりする原稿は辛いが……）。

残業は上司の無能度のバロメーターである。部下の能力や部署の成績を上げようと思うのなら、まずは部下を自分のために働くように仕向けることだ。

それだけで十分なのだ。

⑧ 現場無視という病
ニセモノの「現場重視」に要注意

私は企業経営者が常に心にとどめておくべき存在として、「現場」「本業」「自立」の3つが最も大事だと考えている。

そう思い至るようになったのは、ある会社を再建した経験があるからだ。

その会社は売上高1000億円の大企業だったが、借入金も1000億円あった。

株式は上場していなかったが、〝名門〟と言われる食品加工メーカーで、同社の社長には、第一勧銀担当支店の代々の支店長や多くの役員が世話になってきた。

私はその支店の支店長に赴任してすぐに、この会社はこのままでは倒産すると確信した。本部の役員もそのことを熟知していた。それまでさんざん世話になっていながら、本部の役員たちは「こうなった以上はうまく倒産させて、少しでも多くの債権を回収しろ」と指示を飛ばしてきたのである。

そして、その指示には続きがあった。

「ただし、名門なのだから、社長にはくれぐれも失礼がないように」

「潰せ」と言っておきながら「失礼がないように」とはどういう神経なのか。取引先をバカにするにもほどがあると思った。

私は、この食品加工メーカーの社長に初めて会ったその場で「社長、このままだと御社は潰れます」と正直に言った。驚いたことに、社長は微笑みながら、こう言った。

「ありがとうございます」

社長はなぜ礼を言ったのだろうか。

「今まで多くの銀行の方とお会いしましたが、そういうことをはっきりとおっしゃってくださる人はおられませんでした。実は、私と妻は毎年正月になると、『去年は大丈夫だったけど今年は破産するね』と言っていたのです。支店長のおっしゃるとおりにします。なんとか助けてください」

社長は2代目だった。創業者が苦労して業容を拡大したのだが、2代目社長は、さらに大きくしようと、バブル時代に銀行などのアドバイスを受け、海外に工場を建てたり、不動産事業など本業以外の事業に手を出したりし、それらがことごとく失敗していた。過剰投資のツケが、巨額の借入金となり、経営を圧迫していたのである。

しかし、幸運にも本業の食品加工だけは十分に市場競争力を維持しており、収益も上がっていた。

「社長は現場に戻って従業員と一緒に汗をかいてください。銀行は私に任せてください。本業に集中すれば再建できます」

私は言った。

「ありがとうございます」

社長はそう言って、今度は頭《こうべ》を深く垂れた。

現場こそ会社の生命線

大見得を切ったはいいものの、その後が大変だった。

私がしなければならなかった役割は、まず銀行を説得して債権の一部放棄を呑ませることだった。銀行からの借り入れさえ適正な水準に戻れば、同社の再建は可能だったからだ。

さっそく本部の役員たちに相談すると、猛烈な反発にあった。「テメェがしていることは背任だ」とまで罵《ののし》られた。

おまけに借入先は第一勧銀だけではなかった。他の銀行も説得しなければならなかったが、出向いたある銀行では「そんな話に乗れるか。耳を揃えて返しやがれ」と、座っている椅子を蹴られた。

この時の私の支えは、現場に戻った社長の存在だけだった。社長は、社員たちと必死で仕事をしていたのだ。

するとどうだ。社員自ら経費は節減するし、アイデアをどんどん出す。業績はみるみる良くなっていった。社長が「現場」で社員たちと汗を流した効果だ。

私のほうは、それに勇気づけられて、自分の勤務する銀行や他行を説得することに成功した。銀行借り入れを削減することができたのだ。さらにスポンサー企業を見つけ、支援も取り付けることができた。こうして、なんとか同社は再建することができたのだった。

この会社は今日でも、十分な業績を上げている。その姿を同社のテレビCMなどで確認すると、嬉しくなってくる。

つまり、私が言いたいのはこういうことだ。「現場」重視に加えて、経営者が「本業」を見失わず、他力本願でなく「自立」を心がけている企業は、まず経営が傾くことがない。そして、この3つの中でも特に大事だと思うのが「現場」なのである。

日本流と欧米流、どっちが正しい？

「現場」というのは、会社の中で社員が汗を流しているまさにその場所である。

私は欧米の会社のことはよく知らないが、日本の会社は泥臭いものだ。会計テクニックを駆使し、企業の買収や売却で儲けたりするのではなく、経営者と社長が同じ菜っ葉服を着て、同じ夢を見る時に想像以上の力を発揮する——それが日本企業の強みだ。

そんなことを言うと、ＭＢＡを取得して欧米流の経営を身につけた〝プロフェッショナル〟な経営者からは批判されるかもしれない。

「経営者と社員が同じ夢を見るなんて言うと聞こえはいいが、要は社長の個人の価値観を押し付けているだけでしょう。そんな調子だから、日本企業の経営はいつまでたっても洗練されず、グローバルな人材が育たないんですよ」

確かにその指摘も一面では的を射ている。

欧米の企業では、経営者や幹部は個室を用意され、現場で働く人とは待遇が天と地ほど違う。彼らは現場経験を踏んでから昇進したのではなく、最初からエリートとして処遇されている。日本企業のように誰もが雑巾がけから始めることはない。報酬もべらぼうな高額で、中堅幹部のせいぜい2～3倍の報酬しかない日本企業とはその点もずいぶん違う。

だから日本企業で働くのを嫌う欧米系のエリートは多い。

日本企業は、ともすると大企業の社長でさえ、社員食堂で社員と同じ昼食を食べていたりするが、そんなことは欧米ではとても考えられない。

だが、どちらが正しいということはないのだ。大切なのは「現場」を重視すること。逆に言えば、現場を軽視するような会社は日本流経営だろうと欧米流だろうと必ず行き詰まる。

日本企業では「現場重視」というと経営者がどんどん最前線の社員たちと接点をたくさん持つというイメージだが、社長が社員と一緒に社食で昼食をとっているからといって現場を重視していることにはならないし、それで業績がよくなるのならこんな楽なことはない。

つまり「現場重視」も形だけなら、まったく意味を持たないのだ。

たとえば、後に破綻した某大手流通企業は、オーナー経営者が「現場」である店舗を視察する際には、オーナーが歩くところに赤じゅうたんを敷き詰め、その脇に社員が整列して控えていたという。当然、客はそっちのけだ。これでは「現場重視」とは言えまい。

欧米系企業でも、半導体メーカーの巨人・インテル社には社長室もなにもないそうだ。極めて組織はフラットで、だれもが自由に才能を伸ばせる雰囲気があるという。しかし、トップが作業服を着て半導体工場に入り、従業員と頻繁に意見を交換するなんていうことはないはずだ。インテルにはインテルの、日本企業とは違った現場重視の方法があるのだろう。

大事なのは「理念の浸透」

考えてみれば「現場」が大事なのは当たり前である。現場があるから会社は利益をあげることができるのだから。

私が勤務していた銀行だってそうだ。現場と言うべき国内外の支店がちゃんと機能しているから銀行経営が成り立っている。そして、支店勤務を経験しない行員はいない。ところが第一勧銀では、本部勤務が続き、エリート意識で身を固めるようになった幹部たちが総会屋や暴力団、はたまた政治家らに返済されるアテのない融資をしたり、無謀な巨額買収や巨額融資をしたりで資金を焦げ付かせ、銀行を傾かせた。現場の苦労を忘れたからだ。

私が人事部勤務だった時、現場で活躍していた人材を何人も本部に異動させたが、ほとんどの者が、すぐに現場の発想を忘れ、官僚的になり、強圧的に現場を見下すようになった。そのたびに私は強いショックを受けた。

「現場を大事にする」とされる日本企業も、実態はこんなケースが多い。

経営者の現場重視の姿勢が「神話」にまでなっているのが本田技研工業（ホンダ）だ。

創業者の本田宗一郎は、自ら現場でエンジン作りに没頭した。それで技術者が奮《ふる》いたった。これこそが真の現場重視だ。藤沢武夫という経営を任せられるベストパートナーがいたことも、本田にとっては幸運だった。

しかし、考えてみれば、同時代の日本企業には、同じように現場に入りびたりの経営者がいたはずだ。そのなかで、本田宗一郎が特筆すべき成果を生んだのはなぜだろうか。

私は「現場重視」に加えて、「やりたいことをやれ」の言葉に象徴される、技術者重視の哲学があったからだと思う。20年ほど前に『ビジョナリーカンパニー』（日経BP社刊）というビジネス書がベストセラーになったが、明確な哲学を持つ企業は不況に耐える力もあるし、成長力も強い。

つまり経営者が「現場」を重視するのは、単に現場を巡回したり、あるいは同じ釜の飯を食ったりする作業が大切だからなのではなく、自分の理念を浸透させる努力が必要だからだ。経営者が持つ哲学、夢、理想、社会的使命といったビジョンを社員に浸透させる手段こそが、まさに「現場重視」の姿勢なのだと思う。

なんのビジョンもない経営者が、建て前だけの空疎な「現場」重視を唱えていると、巨額不正経理事件を起こしたりする。そういう企業のトップは、「現場」に行き、「チャレンジ」などという言葉で社員の尻を叩き、「激励」と称する無理な命令を下していたのではないか。

「同じ釜のメシを食う」「社員と同じ作業服を着る」「社長を『さん付け』で呼ばせる」なんていうのは現場重視ではない。単なる経営者の自己満足のパフォーマンスに過ぎない。

これらの取り組みが効果を発揮するのは、経営者がビジョンを持っている時だけだ。

経営者に必要なのは哲学だ。それがないのに「現場だ、現場だ」と騒いでもそれは単なる従業員へのプレッシャーに過ぎない。これまた、形を変えた現場軽視なのである。

⑨ 就活という病
諸悪の根源は「新卒優先」

就職活動のやり方は、頻繁に変わる。２０１５年度も変わったが、どうも評判が悪い。「景気が少しだけ良くなって昔の青田買いが復活し、選考時期が早まった。これでは学生が勉強しない、大学教育が侵害される」ということで8月選考へと後ろ倒しになったのだが、今度はルールを守るところが割りを食うということで、また見直されるらしい。

何やってんだろう。いくら就活ルールを決めても、需要があれば企業は学生を1日でも早く確保したいし、需要がなければ獲りたくないだけだ。どんな決め方をしたってルールは守れない。いっそのこと就職協定などなくしてしまえばいい。お仕着せのルールがなくなれば、自然とより現実的なルールができるだろう。

そもそも、なぜ経団連が就活ルールを作っているんだろうか。

学生の本分は勉強であるべき、だから？　そんな思いはほんの一部だろう。一握りの「いい学生」を、その時々の人気企業に独占されたくないからだ。

プロ野球のドラフト制も、一握りのいい選手が人気球団に独占されないための制度だが、この就活ルールも同じようなものだ。一斉に選考をスタートすれば、いい学生の偏りが少なくなると考えたのだ。

「数次第」だった私

私の頃は、10月が就職活動のスタートだった。

私は留年生だったので当時はどこからもリクルート情報が来なかった。企業案内さえ送られてこない。時代は不景気。「大学は出たけれど」云々と言われていた。

田舎から青雲の志(?)を抱いて上京してきたのに、朽ち果てるのかと嘆いていた。

今でも忘れられない。ある会社で生意気なことを言ったら「君みたいな人間はドヤ街で寝起きすることになるだろう」と人事担当が言い放った。就職氷河期で買い手市場と言われたため、人事担当はかなり傲慢だった。カチンと来たので「こんな会社に入るくらいならドヤ街で寝起きしたほうがマシです」と言い返したら、当然、「帰れ」ということになった。

こんな調子で就職が決まるはずがない。やっぱり落ち込んでいた。

ある時、前年に第一勧銀に入行した男性が「第一勧銀を受けてみないか」と声をかけてきた。彼は、同じクラスの女学生の恋人だった。後で聞いたところ、女学生が第一勧銀のリクルーターをしていた彼に「江上君をなんとかしてあげて」と頼んでくれていたらしいのだ。クラスメートの情けのお陰でなんとか面接にこぎつけたものの、面接官は「お前は銀行を誤解している」「なんでここに来た?」「成績は最低だな」などと、入行してほしくないムード全開だった。

私は少しでも話を盛り上げようと、学生時代にストリップ業界紙の記者をやっていたエピソードを披露したりしたのだが、これがまったくウケず、面接官は難しそうな顔をして考え込んでしまう始末である。

当時は本当に就職氷河期だった。第一勧銀も100人しか採用しない。他の多くの企業は採用を控えていた。だからその100人の枠を目指して多くの学生が殺到していた。

「私みたいな者を採用したら迷惑をかけますよ」

私はついに居直った。すると面接官は、意外な言葉を口にした。

「お前みたいな奴でも勤まるのが銀行という組織だ」

こうして、自分自身でも意外だったが、私は採用通知を手にすることができた。

これも後で聞いたことだが、最初に出会った面接官（後に専務）が随分、頑張ってくれたお陰で採用されたらしい。

後年、人事部に配属になった際、私自身の就活面接の記録を盗み見たことがある。そこには「数次第」と書いてあった。要するに「こいつは変わった奴だから、採用したいが〝是非もの〟ではない。数が足りなくなったら、考えてもよい」ということだったようだ。ボーダーライン上の学生だったのだろう。

こうして私は、幸運なことに唯一採用試験に臨んだ先にお世話になることができた。

そして付け加えるなら、自分の予言どおり、総会屋事件では大立ち回りをし、銀行に迷惑（？）をかけることになるのだが、それはずいぶん後の話だ。

息子よ、お前もか

最近の就職戦線は、学生本人だけでなく、親も関与した家族総出の戦いだそうだが、私の時代は両親が田舎に住んでいたこともあり、親が関わることはなかった。

就職が決まった時、実家に連絡すると母親はこう言うのだった。

「第一勧銀って××相互銀行より大きいの？」

「大きいと思う」

「社宅はあるの？」

「あると思う」

「そこにお世話になりなさい」

××相互銀行は地元・兵庫県の田舎を拠点とする銀行だ。銀行といえば、それくらいしか知らないのだ。

父親は「俺は田舎の人間だから何もコネがない。就職の力になれなくて悪いな」と詫びたが、そんなものは初めからアテにしていないし、周りの学生だってそうだったはずだ。

ところが、いざ自分が親になり、息子が就職活動の時期を迎えると、とても無関心ではいられなかった。というのも、私の息子の就職時期も氷河期だったのだ。親子ともども氷河期とは、なんということだろうか。しかも息子は留年している（これも私と同じだ）。その上、9月卒業を選んだから、就職活動ではこの上なく不利になったらしい。いつまでも会社が決まらないので「何やってんだ」と怒ったら「親父が無理やり9月に卒業させるからだ！」と居直った。「何言ってんだ。いつまでも卒業しないからだ」と怒鳴り返した。

私の時と違ってES（エントリーシート）を何社にも送っていた。だが、どこからも面接の要請が来なかったようだ。毎日、パソコンの前にいるのはESを送っていたかららしいが、私にはオンラインゲームをやっているとしか思えなかった。「会社訪問でもしたらどうなんだ」と言ったら「勝手には訪問させてもらえないんだよ」と言い返された。時代が変われば、就職活動も変わるものだと思ったが、要するに息子はいい学生じゃなかっただけのことだろう。

「とにかく家には居るな。どこでもいいから働け」とそれだけ言った。自宅にでも引きこもられては大いに困る。私もほとんど家にいる仕事だから毎日ケンカになるだろう。

結局というか、息子はなんとか就職し、家を出ていった。その後、もう少しマシな会社に転職し、今では孫を見せに来てくれる。まあ、なんとかなったわけだが、親子ともども就職で苦労するとは思わなかった。

就職科と学問科に分けたらどうか

どうしてこんなに時代ごとに苦労しなければならないのか。

最大の原因は、日本企業が「新卒優先」を徹底しているからだ。最近は少し違うようだが、以前は、人事担当が「大学では勉強なんかしてなくて結構です。入社してから勉強してください。素直な方なら勤まります。会社色に染まりやすい人が望ましいですね」と露骨に言っていた。それが今では、自社の研修予算を削りたい一心から「入社前に英語くらいはできないと」「大学時代に入社後役立つようなことを勉強しておいてください。即戦力を求めていますから」などとあさましいことをぬけぬけと言う。

「大学は就職予備校ではない」と、大学側がいくら言っても、結局は大学の人気も就職実績で左右されるために、その言葉に力がない。

そんなに新卒にこだわるなら、大学はすべて就職予備校にしたらどうか。妙に学問などと言うからおかしくなる。就職科と学問科でいいじゃないか。就職科を専攻した学生はビジネスマナーを含めて、就職のために勉強する。学問科の学生は研究者になるために勉強する。これでどうだ。

……もちろん暴論だ。

人間というものは複雑にできている。その目的にだけ特化して勉強したからといって即戦力にはならない。

スポーツ選手は別だ。ごくごく限られた人材を選別して競わせるのがプロスポーツの世界であり、そこで通用するためには若い頃からの鍛錬《たんれん》が必要だ。しかし企業は違う。その会社にどんな人間が役立つかなどということは事前には分からないからだ。

たとえば、一般的にベンチャー企業は、創業期には私大卒の暴れん坊的な社員が頑張っているが、安定期になると東大のような一流大卒が増え、官僚的になりがちだ。

「我が社にもトーダイが入社してくれた」と大喜びする経営者もいるが、東大卒業者の入社が一流企業の証明のような気になっているのだろう。

しかし、会社の業績は勉強のできる人材だけでは絶対に伸ばせない。バラエティに富んだ人材がいなければ、イノベーションは起きないし、馬力ある営業活動もできない。東大出ばかりでは官僚的になり衰退する。

老子だって「人は生きている時には身体は柔軟だが、死ぬ時は硬くなっている」と言っているではないか。組織はいつも生まれたてのように柔軟でなければ発展はないのだ。

「新卒優先」の仕組みを変えよ

ではどうすればいいのか。

まず新卒に頼ることは止めにすべきだ。さらに言えば、人材の採用はトップの責任なのだから、トップ自身が人材を探すべきだ。それは他社からでも構わない。なにも社長を引きぬいてこいというのではなく、課長クラスや新人クラスでもなんとか人脈を辿ってこれという人材を探す努力をすべきなのだ。

大量の新人を採用し、人事部に任せて選別を繰り返し、残った者の中から役員を選び、経営を託するという官僚システムを採用しているから日本企業はあっと言う間に官僚的になって硬くなって滅びてしまうのだ。頻繁に起こる不正経理事件もそうした企業が官僚システムの弊害に陥っているからだろう。

人材は、それぞれの部署がそこで必要な人材を通年で採用するようにすればいい。必要な時に必要な人材がいればいい。そこから経営者になる人もいれば、そんなことに興味がない人もいるだろう。いろいろな人材が集まって切磋琢磨《せっさたくま》するのが企業のダイナミズムにつながる。

企業が一律採用を止めれば、学生も自由になる。

あるシンガポールの会社員は、「こんど会社を辞めて留学します」と言った。彼は、これで三度目の大学院入学だ。就職しては勉強のために別の大学院に行く。「そんなことを続けていて、次回まともな就職はできるの？」と私は聞いた。「大丈夫です。私を雇ってくれるところは世界中にありますから」と自信たっぷりだった。

小さい頃から真面目に勉強して、大学を卒業したら一流企業に入り、その会社の色に染まるのがベストと考える日本人の人生観を少しずつ変えていかねばならないと、彼を見て思った。だって「仕事は世界中にある」と言い切れる日本人の学生はどれくらいいるのか。

新卒を大量採用して会社と同じ考え方をする人間ばかり育てて、いったいどうなると思っているんだ。こんなことばかり繰り返しているから、日本企業は表向きは順調だけど、思い切ったイノベーションが起きないのだ。このままではダメになる。本気で多様な人材を活用できる就活システムを考案・実施しよう。

⑩ 定年という病

経営者にこそ厳格な定年制を

「江上はいいよな。定年がなくて羨ましいよ」

作家になった私に向かって友達がそう言う。言葉とは裏腹に、その表情は決して羨ましそうではない。この友人は、勤務していた会社から子会社に移り、役員として毎週ゴルフに興じている。

「バカ野郎。仕事がなければただのオッサンだし、この年になっても編集者に叱られて毎日売れない原稿を書かないといけないんだぜ。こっちの身にもなってみろよ」

私の答えに「そうだなぁ」と満足げに笑顔になる。

「人生に定年はない」「定年を過ぎても働き続けたい」「定年なんか企業が勝手に定めた雇い止めだ」。いろいろ意見がある。

しかし定年はいい制度だと思う。私のように自分で会社を辞めてしまった人間には関係がないが、勤め人にとっては、定年がなければ会社を辞めるきっかけってなかなかないからだ。

収入が足りなかったり、将来に不安があったりする人は、会社に残っていたいだろう。それから、会社で偉くなった人も、いつまでも会社で偉そうな顔をしていたいだろう。そういう人にとって、定年とは忌《い》まわしいものに違いない。

最近、不祥事を起こす会社の特徴

ところで、最近、不祥事を起こすのは、誰が一番偉いのかよくわからない会社ばかりだ。

不正経理をしたことで大変な事態に陥っている某大手企業は、社長と会長の争いが遠因らしいが、その上の、そのまた上に一番偉い人（この人がどうしてそんなに偉いのかはよくわからない）がいて、いまだに本社の中で大きな相談役室と秘書と車を持ち、巨額の報酬を得て、人事にも影響力を行使している——という話を聞いた。

私は銀行在籍時に、5人の相談役に引導を渡した。ほんまに偉いことをしてしまったなあ。

第一勧銀の総会屋事件の際のことだ。歴代のトップが大物総会屋との関係を整理しなかったことが問題だということになり、皆さんに引退してもらうことにしたのだ。

こうした不逞《ふてい》の輩《やから》との癒着を許してきた責任（それぞれの相談役は「大物総会屋など知ら

ない」と仰っていたが……）を取ってもらったのだが、第一勧銀の〝特殊性〟を解決するチャンスだと思ったことも事実だ。それは長く続いた第一（D）と勧銀（K）との派閥争いの解消である。そもそも総会屋事件もこの派閥争いが大きな原因の一つだった。

ある相談役から部屋に呼ばれた。

「なぜこんな大事件になったのかなぁ」

相談役は言った。鬼と恐れられていた相談役の目に涙が滲んでいた。

「あなたは戦争中兵士として死線をさまよわれたこともあり、何事も恐れずにやってこられたでしょう。しかしあなたが選ばれた後任の頭取など、トップの方々は皆があなたを恐れ、あなたの顔色ばかりを見てこられたのです。その結果がこういう事件を生みました。相談役、あなたにも大きな責任があります」

私は静かに言った。

「そうか、そういうことか」

相談役は何度もうなずき、「後は頼みましたよ」と言われた。この相談役からは引退後も自宅に呼ばれ、親しく話したことがあるが、今は鬼籍に入られた。

定年とは、なかなか辞め時を自分で判断できない愚かな組織人にとって、辞め時を教えてくれる重宝なシステムでもあるのだ。

もっともこの定年が必要なのは、経営者自身だ。役員定年がある会社も多いが、それを必死で切りぬけ、社長になってしまえば定年のない世界に入る。さらに、ある程度の規模の会社になると、社長経験者からなる会長だの相談役だの顧問だのがゴロゴロと居座っているものだが、彼らは自らが会社を去るタイムリミットが来ないかぎり、自分から「辞める」とは言わない。「自分は経営陣に貴重なアドバイスを授けているのだ」と言うかもしれないが、それは甚だしい過大評価というものだ。

社長経験者が相談役だの顧問だのという立場で会社に残っていてプラスになることは一切ない。むしろ、相談役などがいるだけで、会社の価値や評判を減じていると思うべきだ。繰り返すが、定年をもっとも必要とするのは、社長や相談役という経営トップなのだ。

定年の功と罪

一方、会社に長年勤めたサラリーマンにとって、定年の功罪とは何か。

最大のプラスは、とにかく宮仕えから足を洗わせてくれることだろう。

私は49歳で自ら会社を辞めたが、後悔はしていない。第二の人生を自分でデザインできるのはとても楽しい。第二の人生とは言ったが、第一の人生である銀行員の土台の上に築かれたものであり、その意味で第一の人生も無駄ではない。

私の友人も定年になって奥さんの指導でゴルフを始め（それまではほんの付き合い程度だった）、夫婦で熱心に練習している人がいる。彼いわく「やっと家庭を取り戻した」。会社員の時は、しかめっ面が多かったが、今は笑顔ばかり。

ボランティア活動に勤《いそ》しみ、日本語教師養成学校に入学して日本語教師になった者もいる。いわく「海外生活が長かったので外国の人に日本語を教えたかったんだ。今は充実している」。彼は、もともと教師志望で教育大に入学したが、ソリが合わずに早稲田大に入り直した。回り道だったけど今は教師だ。長い会社人時代の経験が生きてくるだろう。

料理学校に通って料理人になった者もいる。彼いわく「昔から釣りが好きだった。公務員を辞めたら、ぜったいに自分で釣った魚を出す店をやりたかったんだ」。彼の店は田舎にあるにもかかわらず毎日盛況だ。

一方で、定年になれば、すべてが幸せとは限らない。

ある奥さんは定年したばかりのご主人と離婚した。理由は、ご主人が急にDV、つまり家庭内暴力をふるうようになったからだ。それまで真面目で大人しかった人間が、定年と同時に家庭に引きこもるようになり、DV夫になってしまった。奥さんが「殺されるかと思った」というまでに悪化したらしい。

こういう例はたびたびあるそうだ。定年で居場所を失い、人生の目標を見失った夫が家庭に目を向けるようになった途端、ＤＶ夫と化す。ほかならぬ夫自身が何にイラついているのか分からないこともあって対処が難しいようだ。

定年後が辛い最大の原因とは

また、別のある友人は、定年後、一時期鬱になった。

彼も仕事人間で、定年になれば色々やりたいことがあったようだが、実際に定年になってみると、それらは会社人であったから、その不満のはけ口としてやりたかっただけだと気づいたのだ。

制約がある中で恋愛すると刺激がある。世にいう不倫もこれにあたる。しかし不倫相手と結婚すれば、それは日常になり、こんなハズではなかったと思うのと似ているのだろうか。

ともあれ、彼の場合は、定年になってみると何をやりたいか、すっかり分からなくなり、やがてそれが精神をむしばみ、鬱になったのである。

「定年になったら、あれをしよう、これをしよう」と義務のように考えるのは真面目な会社人であったからだ。

そんな義務は必要はないんだ。天から人生を二度楽しむチャンスを与えられたと思えばいいだけだ。それは第一の会社人としての人生が充実していてこそ可能なんだ。

会社人としての人生に不満を抱いていたら、それは定年後に必ず尾を引く。鬱やDV夫になるのは、会社人の人生に不満が多いからだ。

60歳、65歳といえばまだ若い。老《ふ》ける年齢ではない。

定年になってから考えても構わないではないか。

定年という病を克服するために

そんな気楽な人ばかりではない。「定年になっても生活が苦しく、次の仕事を探さないといけないんだ」。そんな人も多いだろう。

最近では、老後破産という言葉を頻繁に耳にするようになった。

「老後を幸せに過ごすためには最低でも3000万円必要になる」「いや、子どもがまだ小さいのでもっと必要だ」「子どもなんか育てると、いつまでも脛《すね》をかじるので、本当に破産してしまいそうだ」

こうした声を聞くたびに、定年などなくしてしまって、いつまでも働けるようにしたほうがいいのではないかとも考える。

しかし、急速に高齢化する日本に住んでいるのだ。当然、生活が苦しい老人も増えてくるだろう。就職氷河期で正社員になれなかった人は、社会人になってからずっと雇い止めという、言わば定年と戦ってきたのだから、定年のない、安心して働ける会社があればいいと思っていることだろう。

だが、それでも定年はやはりあったほうがいい。何度も言うが社長には定年が絶対に必要だ。定年になったらさっさと会社を離れるというルールを定めるべきだ。これだけでも日本の会社は随分と良くなるだろう。

オーナーでもないのにいつまでも居座るな！

一般の会社人は定年を前向きに捉えよう。残念ながら余程の人でもないかぎり、60歳、65歳ではハローワークで仕事は見つからない。

特殊技能を持っている人は別だが、絶対に甘い考えは止めたほうがいい。ではどうするか。私の友人のように日本語教師養成学校や職業訓練校などで学び直しをするのだ。それくらいの覚悟は必要だろう。

もう一つ言わせてもらえれば、今の会社人人生をもっともっと充実させて人脈を豊富に築くことだ。人脈こそ定年後を楽しくさせる財産だから。

金じゃない。そのことを心に刻んでほしい。

⑪ 広報不在という病
「真の仕事」をするほど上から嫌われる役回り

広報の仕事ほど難しいものはない――なんて言うと、「お前が銀行で広報を経験していたから、そんなことを言うのだろう」と言われるかもしれない。

しかし、これは本当なのだ。会社の運命が、広報次第で大きく変わることがある。

2020年東京オリンピックのエンブレム盗用疑惑が騒がれた頃、あのエンブレムをデザインした事務所の広報の仕組みが広報経験者の仲間内で話題になった。あのデザイン事務所の広報担当者は、デザイナーの奥さんだったようだが、テレビでの報道を見るかぎりでは、彼女は大手飲料会社のキャンペーングッズのデザイン盗用疑惑の際、取材に駆けつけたマスコミにかなり攻撃的な態度をとっていた。

また、エンブレム問題が大きくなった後、押しかけたマスコミに対して、事務所の若い男性スタッフが「会見の予定はありません」と杓子定規の応対をしていた。これもうまいやり方とは言えなかった。

広報の仕事は、広告を扱う宣伝ではない。

広報とは、会社から社会へ開かれた「窓」のようなものだ。社会の情報は広報から入ってくるし、会社の情報は広報から社会に出ていく。

会社は内側ばかりを向いているもの

会社と社会――字を入れ替えただけなのに、意味はずいぶん違う。

会社はカンパニー。社会はソサイエティ。英語ではまったく違う文字だが、これを最初に日本語に翻訳した人は、どういう発想で「会社」と「社会」の字を当てたのだろうか。

会社と社会は、字面は似ているが、その意味はまったく似ていない。むしろ、反対の価値観で動いていると考えたほうがいい。

会社の理屈は社会の屁理屈。会社の常識は社会の非常識。そういうものだ。

なぜこうなるのかと言えば、会社人は、会社の内ばかり見ていて外をまったく見ていないからだ。こうした状況を私は「トップの曖昧な指示、部下の忖度《そんたく》」と呼んでいる。

第一勧銀の総会屋事件の際、トップは総会屋融資（トップが知っていたかどうかは別だが）を大蔵省検査の目から隠蔽《いんぺい》するにあたり、部下に対して「上手《うま》くやってくれ」と言っただけだった。何を、どうして、どのようになど、具体的なことは一切ない。ひょっとしたらそんなことを言ったことさえ忘れている（あるいは忘れたい）かもしれない。トップの指示は曖昧だったが、部下はそれを忖度し、不正に手を染めた。

「うまくやりました」

結局、部下はそう報告した。その意は「大蔵検査をごまかした」という意味だ。

「ありがとう」

トップはそう答えた。しかし、何をどうしたのだと具体的には聞かない。だから何をどううまくやったのかは分からないままだ。聞かないのだから分からないのも当然だ。

その後、総会屋事件が発覚した際、そのトップは「俺は知らなかった」と恥ずかしげもなく言った。こういうことの繰り返しだ。これが会社なのだ。「コンプライアンスを重視する」などと、今ではどこの会社も会社倫理規定に書いているが、いざとなるとどんな会社もそんなお題目はどこかに飛んでいってしまうらしい。

なぜコンプライアンスが定着しないか。それは組織の人間がみんな内側を見ているからだ。内なる論理で動いているのだ。

ヤクザの世界と同じだ。閉ざされた世界で生きているんだ。だから世間の常識とかけ離れ、非常識になる。

ここに風穴《かざあな》を空ける存在であり、世間の常識とのバランスをとるのが広報なのだ。

「会社」←→「広報」←→「社会」

図式化するとこんな関係になるだろうか。会社と社会を結びつけ、会社の常識をできるだけ社会の常識に近づけるのが広報の役割なのである。

トップの誤りを指摘するのが真の広報

だから広報部員や担当役員は、自らのポストをエリートポストと捉えていてはいけない。考えてみればいい。トップが自分の責任を逃れる意図もあって曖昧な指示をしているところに、わざわざ「ちょっと待った！」と参上し、「それはいけません」と言わねばならないのだ。トップがいい顔をするわけがない。

第一勧銀の例で言えば、検査逃れを「上手くやれ」と、曖昧な、コンプライアンス違反の指示を出している時、広報部員がその情報を入手したら「『上手くやれ』とはどういうことですか。具体的に指示してください」とまず言わねばならない。トップが「具体的なことなんか指示できるか！　ごまかす指示なんだから」と怒りだすと「そんなことをしたら世間への顔向けはできません。コンプライアンス違反です」としっかりとトップの目を見据えながら言い切らねばならない。

するとどうなるか。

「君の言うとおりだ。世間に顔向けができないな。私が間違っていた」とトップが謝罪し、会社の中に巣食っている闇を取り除く決意をすれば広報の役割は果たせたことになる。

ただし、こうやって「うまくいった」時でさえ、広報部員は出世は諦めたほうがいい。トップの誤りを正した人間をトップが喜ぶはずがない。必ず憎まれるだろう。

黒でも白でもいい。自分にすり寄って来る猫が可愛いのがトップという存在なのだ。自分に意見を言うような生意気な存在は目障りでしかたがない。

トップという存在は、360度ぐるりと見渡すことができるから爽快で、一度そこに到達すれば、あまりの景色の良さになかなか下りる気にならない。そこにあえて立ちはだかって景色を見えなくする存在が広報だと思ってよい。「こっちを見てください、いつも心地よい景色ばかり見ていてはいけません」。こんなことを言う部下が可愛いわけがない。

では広報にとって最大の仕事とは何か。それは「会社に事件を起こさせないこと」である。よく勘違いされるが、事件が起きてから広報が活躍するんじゃない。事件が起きないように、世間から批判を受けないように努めるのが広報なのだ。だから「何も起きない」のは広報が機能している証拠といえる。波の静かな海を見て、トップは俺の操舵《そうだ》は素晴らしい、水先案内人なんか要らないと思う。だが、広報という水先案内人がいなくなった途端、海の底から大きなクジラが現れたり、岩礁が隠れていたりするわけだ。

会社が世間の誹《そし》りをうけないように予防するのが広報だとすると、その役割が正しく評価されることはない。広報が機能すればするほど事件が起こらなくなるのだから、評価のされようがないという皮肉な結果になる。

一生懸命仕事をすればするほど事件は起きない。だからトップは、いつしか「広報なんか不要だ」と思いがちになる。矛盾だ。広報が一生懸命働いているから何も起きないのに何も起きないと何もしていないと思われる。そこで、時には自分からトラブルの火を広げようとする不逞な広報部員が現れる。マッチポンプを企むわけだ。こんな輩は広報失格である。

最終的にはトップの度量次第

さて先ほどの例で、広報がトップに意見を具申したにもかかわらず、「余計なことを言うな」と叱られたり、受け入れてくれなかったりしたら、どうするか？　不正やトップの間違った判断が露見した場合、あるいは必ず世間の誹りを受けると分かっている場合、広報はどうすべきだろうか？

これは難しい。本当に難しい。突っ張って諫言《かんげん》し続けても、トップは聞く耳を持たない。

広報を退けるだろう。

それでもトップに諫言すべきだ。腹を切って、トップに覚悟を示すべきだと言う人もいるだろう。だが、それは言うは易《やす》し、行うは難《かた》しだ。会社を辞めざるをえなくなるだろう。

私も悩んだものだ。

総会屋事件がまだくすぶっている段階だ。まさかその後、トップが逮捕されるとは思っていなかったころ、ある時、そのトップが政府委員に就任を打診された。その情報を聞きつけた私は「もし大きな問題になったら、辞任せざるをえなくなります。就任はお断りされたほうがよろしいかと思います」とへりくだりながら言った。

同席していたある役員は、「どうしてこんな名誉を辞退するんだ。ここに来るまでどれだけ根回ししたと思っているんだ」と怒った。トップは苦虫を嚙み潰したような顔で「うーん」と唸っていたが、結局、政府委員を受諾した。そして私の予言したとおり、総会屋事件が大きくなると、辞任に追い込まれたのだった。

総会屋事件の処理についても残念だった。私はトップに「漢方薬でいきますか。外科手術でいきますか。私は外科手術がいいと思います」と言った。

その心は、「総会屋事件が大きくなる前に、この際、徹底して銀行内の膿《うみ》を出し切る外科手術を選択すべきだ」ということだった。しかしトップは漢方薬でゆっくり治す道を選択した。その結果、グズグズしていたこともあり自分自身が逮捕されてしまった。あれには私は驚愕した。まさか事件に関与していたとは（東京地検の判断ではあるが）！

つまり。いくら広報が腹を括《くく》って諫言しても結局はトップの度量次第ということになる。これは本当に辛い。放っとけば事件が大きくなるのは分かっているのに、防ぐことができないのだ。このような時は、できるだけ事件を小さくするにはどうするかを考え、対処するしかないだろう。

時には組織のために隠蔽をはかる

こんなこともあった。

不正発覚後、失踪した支店長の自殺事件が起こった。不正を働いた金額の大きさ、政界や暴力団の関与など、かなりひどいスキャンダルだった。

事件発生直後から、私は即座に動いた。なぜなら事件の真相も広がりも分からなかったからだ。このまま何もせずに事件を世の中に出すと、大変な事態になると思ったのだ。外部に事件を漏らしてはならない。その一点に注力した。言わば隠蔽である。

私は広報部に陣取り、立場や地位を逸脱して役員や関係部長、関係部員を一堂に集め、具体的に指示を出した。支店長のご遺体のお迎えから警察への対応（警察発表をしないようにとの依頼など)、葬儀の手配など、ありとあらゆるところに気を配った。

広報部長が、「君は怖いね。広報は事件が起きてからコメントを考えればいいんだよ」と私を批判した。それに対し、私は、「事件が起きてからではなく、起きないようにするのも広報ではありませんか。いずれ発表するにしてもできるだけ真相を摑んでからのほうがいいでしょう」と答えた。広報部長は、私が役員などに指示をする姿を見て、もしも何か間違いが起き、責任を取らされたらたまらないと思ったのだろう。

この事件は見事にマスコミに出なかった。当時の大蔵省からは、富士銀行事件(偽造預金証書事件)以上のスキャンダルだと言われたが、世間的には隠し通すことができた。そのことが良かったかどうかは今となっては分からない。しかし真相はある程度明らかにすることができた。

事件が起きてからでは遅い。仮に起きたとしても世間より一歩でも半歩でも前の段階で対処すれば、事件による企業へのダメージを少しでも小さくすることができる。

広報の役割は、事件の一歩でも半歩でも前を歩くこと、それに尽きる。そして広報を担うスタッフは、社内で評価されようなどとは夢にも思わないことだ。組織に殉じる気持ちがなければ務まらない。

⑫ 成果主義という病
結局は、経営者の哲学が有るか無いかだ

企業の人事評価制度に関し、いまや成果主義は一般的な制度になった。社員を業績だけで評価するというシステムだが、なんらかの形で人事評価に導入している会社は多い。だが、この流行のシステムは、どうも日本型組織には向かないようだ。

司馬遷の『史記』に「一旦の功、万世の功」という言葉がある。漢の高祖・劉邦が部下を評価する際は、目覚ましい戦功をあげた者ではなく、地味な兵站《へいたん》を担当した者に最大の評価を与えたという故事に由来する。目立つ戦功をあげた者こそ最も評価されるべきだというのが普通だが、劉邦は、「兵站が上手く機能したからこそ戦争に勝てた」と考えたのだ。

中国の戦国時代でも部下の評価は難しかったようだ。そんな中で劉邦は地味な部下を第一とした。細かいところまで部下の仕事振りを見ていたおかげで天下を統一できたのだと言えるかもしれない。

「万世の功」社員を評価しなかったツケ

私が勤務していた銀行では、バブル期の前後（1985年から1995年くらい）に「一旦の功がある」、つまりバブルに乗じて融資を膨らませた行員ばかりを評価し、昇進させた。「万世の功がある」、たとえばシステム部門や融資管理部門などで、地味な下支えしてくれている行員をあまり評価しなかった。そんな期間が長く続いた。

周知のとおり、バブル融資は膨大な額になり、最後には弾けた。不良債権の山が築かれたが、それを管理し、少しでも多くの不良債権を回収する実務家はどこにもいなかった。なぜならそうした行員を銀行は評価せず、育てなかったからだ。

システムにも同じことが言える。営業優先だったためシステムの人材育成をないがしろにした。その結果、何度もシステム障害事故を引き起こした。適切にシステム全体を把握し、運営をコントロールできる人材が存在せず、「システムはよくわからん。よきに計らえ」的なリーダーしかいなければ、事故が起きるのは必然だ。

組織というものは、全員が金太郎飴的人材ばかりでは困る。バラエティに富んだ人材をバランスよく配置しておかねばならない。銀行で言えば、債権管理やシステム、事務処理といった営業活動をサポートするバックアップ部門がしっかりしていなければ、どんなに巨大なメガバンクでも脆《もろ》いものだ。

そこで問題だ。専門部門には、専門スタッフを配置しさえすれば、統率するリーダーは専門家でなくてもいいのだろうか。

いや、そうではあるまい。

深い専門知識を持った人材でなければ、専門スタッフを使いこなし、鼓舞することはできない。将来を見据えた組織改編やシステム構築などを提案し、実行していくこともできない。会社は会社で、バックアップ分野の人材を長期的計画で育てておく必要があるだろう。

しかし、どうもその部分が成果主義に馴染《なじ》みにくいのだ。

人材の評価というのは、短期的な実績の評価ではなく、その人間をどのように育てたいか、将来の人材構成をどうするかという考えが必要になってくる。

最近のマネジメントの失敗と言えば、理化学研究所（理研）の小保方《おぼかた》晴子さんのＳＴＡＰ細胞事件があるが、あれも過度な成果主義が生んだ不正と呼べなくもない。

研究者の世界は、私たちの想像以上に競争が過激だ。それに加えて独立行政法人であった理研は、予算を獲得するために絶えず他者を出しぬくような成果を上げ続ける必要があった。そのため極端な秘密主義に陥り、誰からもチェックを受けないまま、大げさな研究発表になってしまった。それが小保方さんの悲劇の始まりだった。

東芝の不正経理事件も同じだ。実態の伴わない売り上げや利益を「チャレンジ」というトップの言葉ひとつで計上してしまおうとする多数の部下たちがいたわけだが、彼らは成果を上げ続けなければ評価を落とされるという恐怖を抱いていたはずである。

成果主義は、多くの間違いを引き起こすのだ。

日本企業に馴染みにくい理由

「それじゃあ、やっぱり年功序列がよかったのか」と問われそうだが、こちらも「そうだ」とは言い切れない。特にグローバルな人材を採用している企業は、そうだろう。

欧米人ばかりではなくアジア人からも、日本企業は若くして重要なポストにつけてくれない——キャリアメイクにならないので敬遠される傾向にある。

海外に取材に行くと、彼らからはっきりと「日本企業に就職してもトップになれない」「何歳になればどんなポストに就いているのか分からないので不安だ」という声を聞く。

日本人社員のように「雑巾がけから始めます、会社の色にどのようにも染まります」などという外国人はいない。「個人として評価してもらいたい、はっきりとキャリアのステップを明示してほしい」というのが彼らの希望だ。

自己評価に関しても、日本人社員のように「未熟者ですからよろしくお願いします」などと謙虚なことは絶対に言わない。経理やシステムのことなど何も知らなくても「私は経理の専門家です」「システムのエキスパートです」と言い切ってしまう厚かましさがある。

なぜこうも気質が違うのか。

やはり、周囲を海に囲まれ、逃げ出すこともできず、みんなと助けあわなくては生きていけない日本のような地理環境では、他人を出しぬくよりも、仲間と協調し、信頼を大事にしたほうが何かと都合がいいのだ。そのため自分を抑えて、謙虚に振る舞うほうが得になる。

しかし、地理的条件が異なる国は違う。たとえば中国には13億人もの人々がいる。その中で人より秀でようと思ったら、相当な競争を覚悟しなければならない。孔子は謙虚であることを教えたが、現在では謙虚にしていたら生き残れないほど競争が激しいのだ。

欧米もそうだ。移民や国家間の人間の移動が激しい社会では、他人に道を譲り、協調していたら生き残れない。他人を出しぬき、どんな手段を使っても一歩前へ出ることが生存のための最低条件なのだ。

こうした社会では成果主義が定着する。成果を誇り、他人を陥れ、他人より一歩前へ出なければならない社会システムと成果主義は親和性が高い。だから企業がグローバル化し始めた近年、成果主義を導入しようとする会社が増えているのである。

言葉を換えれば、成果主義はこれまでの日本人の気質を大きく変えようという試みでもある。年功序列のシステムは、経験が評価された。また、長くその組織の中で他人と協調し、組織を円滑に動かしてきたかどうかが問われてきた。これはまさに農村型のシステムだった。農村では、田植え作業ひとつ、かやぶき屋根の葺《ふ》き替え一つをとっても、ムラの人々と助けあわなくてはできなかった。籾《もみ》を蒔《ま》く日、刈り入れをする日は、長老の経験で決めてきた。

そのメンタリティは、経験を重視する年功序列型のシステムと非常にしっくりと馴染んでいた。

時代にハマった年功序列システム

では、日本企業に年功序列システムが定着したのはいつ頃なのだろうか。

明治時代の会社は決して年功序列ではなかった。人材も少なかったから、若いうちから重要な仕事を与えられ、成果によってさらに大きな仕事を任されていた。だから若くして会社のトップになっている。これは成果主義そのものだ。

理由は簡単だ。明治維新のような大きな変革の後に事業を興した人材たちは皆、20代、30代だ。それまでの徳川時代の年功序列、出自主義を壊すには、成果主義が有効だった。なにしろ、それまでの経験がまったく生きない社会になったのだから。

ところが、そこから時代が下り、次第に日本企業や日本社会の形が整って高度成長期に突入すると、いっきに企業は人材不足に陥った。そこで会社経営者たちは、やむを得ず従業員を長く雇用する仕組みを考えたのだ。経験を積んでもらわないと仕事が上手く回らないほど業務が複雑化してきた、という背景もある。年功序列すなわち「将来にわたる安心」という、人参ぶら下げ型のシステムはこうして登場した。

このシステムは非常に上手く機能してきた。都会の大企業の働き手となったのは、農村の次男、三男たちである。彼らはそれまで、経験重視、長老重視の年功序列のムラ社会で育っていた。その彼らが就職した先で見たのは、農村そのものの社会だったのだ。

創業者という神を祀《まつ》り、その周りに長老がおり、運動会や創業祭といった祭りもある。同じ釜の飯を食い、同じ言葉で語り合い、同じ社宅に住み、もはやアウンの呼吸だけで言葉さえ必要でなくなる、そこは会社ムラという住み心地のよい社会だった。そこでは余計なことをして村八分にさえならなければ、将来とも安心して生存が約束されていた。

当時の会社は彼らにとって居心地が良かったに違いない。だから思う存分、力を発揮した。彼らの心性にぴったりフィットしたのだ。故郷から切り離された農村の次男、三男にとって、会社は故郷のような安心感さえあった。もともとは一度雇った従業員を繋ぎとめるためのシステムだったが、次第に経営者にとってもこの年功序列システムは、会社を安定的に成長させていく上で最も効率的なシステムになっていた。

背景には、高度成長をバックにした企業の成長があった。社員たちそれぞれに、適度に、不満を持たれない程度に成長の果実を配分することができた。またそれを約束することも可能だった。

年功序列が機能したから高度成長時代を迎えたのではなく、高度成長が企業の成果配分を可能にしたからこそ年功序列が機能したのである。

そう考えれば、なぜ年功序列が機能しなくなったかがよく分かる。成長が止まったからだ。企業経営者は、もはや成長の果実を多くの社員たちに配分できなくなってしまったのだ。

「成果主義」という名の経営側の搾取

そこで登場したのが成果主義による賃金制度だ。

お題目的には「会社に貢献した者には相応の報酬を」という建て前になっている。硬直化した賃金制度よりも、社員のやる気を引き出す仕組みであるという評価もあった。こうして、1993年に富士通が導入したのを皮切りに、成果主義賃金制度は日本企業に広まっていく。

だが、成果主義を導入した経営者側には隠された狙いもあった。「総賃金枠の縮小」である。

賃金の引き下げなどということになれば、労働組合との血みどろのバトルを覚悟しなければならない。しかし、「働いた人にはより厚く、サボっていた人には薄く」という論法には労組といえども、なかなか反論しづらいものだ。こうして、給料が高い中高年社員の賃金をカットするという側面からも、成果主義は経営者の支持を集めていった。「リストラは外聞も悪いし、社内に軋轢を生む。だけど、成果主義に不満を持つ社員が自主的に辞めてくれれば、リストラする手間も省ける」という考えもあったのかもしれない。

その一方で、経営者たちは、自分たちにも「成果主義」を適用し始めた。

日本のこすっからい経営者たちが「欧米（の経営者）に比べて、俺たちは報酬が少ない」と言いだし、いつの間にか勝手に億単位の報酬を取るようになった。経営者による成果主義のいいとこ取りだ。

経営者は、従業員に向かって「頑張ったら頑張った分だけ報いられるのが成果主義です。頑張ってください。皆さんはプロです」とかおためごかしなことを言って、鼓舞する。頑張った分だけ報いられるっていうのは、完全歩合制と同義だ。なんの保障も安心もない。

日本の会社の成果主義というのは、一握りの老獪《ろうかい》な経営者グループが、欧米並みに報酬を受け取り、少ない残飯を社員たちに配っているようなもので、社員たちの「安心して生存する」という希望を満たしていない。だから、従業員は成果主義の欺瞞性《ぎまんせい》を身体で感じ取っている。こんなシステムが機能するはずがない。

高度成長は遠い昔の話となり、いまやすっかり日本は少子高齢化の低成長社会となった。勢い、成長の源は海外に求めざるを得ない。そのため人材をグローバルに採用する必要があるとして社内用語を英語にした会社もある。何をしようと勝手だが、社員たちが安心して生存できる会社にする責任が経営者にはある。

年功序列だろうが、成果主義だろうが、それをミックスしたシステムだろうが、評価システムはどんなものでもいい。経営者が、長い将来を見越して自分の会社をどんな会社にしたいのかによって人事システムは変わるものだと思う。

巨大企業であれば、部署によって必要とする人材も違う。長い経験が必要であるならば、年功序列の要素が多い仕組みほど、社員は安心してスキルを磨くことができるだろう。その代わり、磨いたスキルが将来にも生きることを経営者が見越していなくてはいけない。せっかく長いキャリアの末、身につけたスキルが生かせないようでは困る。

現在は、何もかも変化のスピードが昔とは違う。だから経験が生きなくなっている。だが、それでも会社が他社と違う個性を発揮するためには、社員の高度なスキルが必要だ。

たとえば、基礎研究部門ならば、年功と成果を組み合わせれば、一見無駄な研究でも安心して続けられ、それが大きな成果になることもあるだろう。反対に、短期的な成果を目指す人材が必要な部署なら成果主義がいい。

いずれにしても会社の成果の大部分を経営者層が取ってしまうような欧米のシステムは日本には合わないのではないかと思う。成果主義の利点を社員が共有するためには、経営者層が居座ることなく、失敗すれば、彼ら自身も交替する仕組みにしなければならない。

巨額の報酬は取るわ、居座るわでは社員のモラルが低下する。

人事評価システムは、時代と、その会社が置かれた立場、何を求めているかによって変わっていく。ひとえに経営者のビジョンが現れるのが人事評価システムだ。

人マネをして成果主義を導入しても機能しないし、だからと言って年功序列に戻してもダメだ。いずれかのシステムを採用するかどうかということではなく、経営者の経営哲学を磨くことがまず必要なのだろう。

⑬ 根回しという病
一見、不毛なようでいて意外な利点も

根回し——会議などで事前に主要な役員に案件を説明しておくことだ。無駄なことだという意見が多い。「会議という病」の項では「根回しバカ」にも言及した。かく言う私も、銀行員時代は根回しに奔走した。なにせ取締役会の役員が20人以上もいた時代である。そこで上司から、「根回しを頼む、特に○○役員はうるさいから充分に説明しておいてくれ」などと言われたりするのだ。

その時、私は「不毛な仕事だな」と思った。事前に説明して、賛成反対の意向を伺い、もしも反対なら、彼の意見を取り入れ、案件を修正する。

あれやこれやと意見を取り入れているうちに、案件は次第に元の形を失っていく。クリエイティブさも尖《と》がったオリジナリティもなくなり、平凡な案になっていくのだ。「そんな案に決定したって何の意味もないじゃん」と思っていたものだが、上司にとっては原案がほんの少しでも残っていれば、それだけでラッキーだったのだろう。

その後、大企業の間で執行役員制度が広まり、取締役の数が減ったことから、「根回し不要」の風潮が強まった。少人数の取締役会であれば、根回しなしのガチンコのほうが議論も活性化するだろう、という狙いがある。

現在は、さらに取締役の数が少なくなった。社外役員も増えている。私はすでにサラリーマンを辞めているから現場の雰囲気は分からないが、きっと多様なバックグラウンドを持った人たちが集まり、侃々諤々の議論をしているのではないだろうか。

いやぁ、めでたし、めでたし。

いや、ちょっと待った！　「不毛だ」「バカだ」などと書いておきながらこう言うのもなんだが、根回しとは、そんなに無駄で不要なものなのだろうか？

上とのコミュニケーション・チャンス

議案を提出する一サラリーマンの立場から考えてみよう。

私が銀行本部で勤務をしていた若い頃のこと。ある時、上司から「本部での評価は噂で決まるんだよ」と教えられた。本部エリートというのはみな優秀である。だから、そこでの優劣を決定的に分けるのは、「彼はデキるね」「彼は優秀だね」「あいつはダメだね」という噂、すなわち風評だということだった。

ひとたび「優秀」という噂が立てば、あちこちから引きがきて、いいポストを与えられ、力を発揮するチャンスに恵まれるという好循環につながっていく。この噂をどうしたら流すことができるか。そこで重要なのが「根回し」なのだ。

根回しを命じられた際、私は「無駄な仕事だな」と思いつつも、あるメリットに気づいた。それは重要な案件を持参して幹部の間で根回しに走り回る時、普段は口を利くこともできない頭取や会長、専務や常務などと面会することができるということだ。

「ほほう、なかなか面白いね。これはどういうことなの？」

案件に興味を持ってくれる役員たち。

「〇〇の意味です」

熱心に説明する私。

「なるほどね。ところで、君は出身はどこ？　私は長野県だがね」

「はっ、私は兵庫県です。もっとも丹波という田舎ですが」

「ああ、栗とかマツタケで有名なところだね」

「そうです」

「頑張りなさいね」

こんな調子で、案件以外にも多くの世間話をすることができた。それは若い本部行員にとって自分を磨く大いなるチャンスだったように思う。

いつしか私は、根回しを不毛と思わなくなっていたのだ。

だから私は、本部の管理職になった際、若い人たちにできるだけ根回し役を命じた。

「これを頭取に説明してきてくれ」

若手に命じる。

「えっ、そんな、私が」

蒼《あお》い顔をして震え声になる。そりゃそうだ。頭取とは言葉も交わしたことがないんだから。

「自信を持って説明しておいてくれ」

こう命じると、若手はまず案件を一生懸命に咀嚼《そしゃく》し、自分の言葉で説明できるように努力する。一方、私は頭取に「若手の○○が説明に行きますからよろしくお願いします」と伝えておく。頭取は、「お前が説明に来ないのか」と不満そうに聞く。

「私より優秀な若手を説明に行かせます。私は何かと忙しいですから」

わざと頭取への説明よりも重要な仕事があるかのように言う。

「相変わらずだな」

頭取がニヤリと電話口で笑みを浮かべているのが見えるようだった。

若手は緊張して頭取に説明に行く。戻ってきた若手に「どうだった」と聞くと嬉しそうに

「まずまずでした。熱心に聞いてくださいました」と答えたものだ。

私は、そんな若手の表情を見て「自信をつけたな」と心の中で喜んだ。実際、頭取からは「なかなかいい説明だった」と褒め言葉をいただいたこともある。この若手は自信をつけ、順調に成長し、重要なポストを占めるようになった。

私は、このように根回しの場を若手育成、本部での人材育成の場にしていった。

根回しは、会社における若手人材育成の場になるのだ。

パクリ屋上司には困ったものだ

若手は、取締役に1対1で説明できる根回しの機会を、自分を売り込む絶好のチャンスだと意気込む。武者修行の場である。そのために案件を自分の言葉で説明できるよう、さまざまな角度から分析し、咀嚼する。

一方、取締役連中は、根回しの場で新しく優秀な人材を発掘する。

こう考えると根回しは決して無駄ではなかった。

ところがバカな上司がいると、根回しも本当に下らないものになり下がる。若手や育成すべき人材に根回しを任せればいいのに、「俺が、俺が」と出張ってくる輩がいるのだ。

そういう上司に限って、頭取室に若手を引き連れていく。頭取が現れる。

「取締役会の案件かね？」

「ははぁ、私が考えました案件です。部下に説明させますので」

バカが自慢げに言う。自分では何も考えていない。若手の案を自分の案だとパクっている。

若手が説明し始める。頭取の質問に若手が詰まった。

「ちゃんと説明しろ。このバカ」

上司が部下を叱る。部下は、オドオドしてさらに上手く説明できない。

「なにやってるんだ」

バカな上司は頭取の前だということを忘れて部下を怒鳴る。こうなるともうお終いだ。

「君が説明してくれよ」

頭取が叱られている部下に同情してバカな上司に言う。

「は？　私がですか？　私は……」

バカな上司は案件をよく理解していないから説明できない。

「もういい。また後日、聞かせてください」

頭取はタイムアップを宣言する。

ある若手は、私に「わざと失敗してやりました」と言ったことがある。

こんなバカな上司がいる場合は、根回しはバカな上司自身の売り込み場所になってしまっている。若手育成の場ではない。まったく無駄か、それ以上に弊害だ。

イチかバチかの「質問取り」

根回しに似たような仕事として「質問取り」がある。事前にトップの意向を聞いておいて案件に反映する作業だ。

これに関しては私にすごい経験がある。国会議員から質問取りをしたのだ。

あれはバブル崩壊の時だった。住宅専門金融会社、いわゆる住専問題で国会が荒れている時だった。旧第一勧銀も住専を他行と共同で保有しており、その時、たまたま社長が旧第一勧銀の元役員A氏だった。

A氏が国会へ参考人(証人ではなかったと思う)として呼ばれることになった。

ある時、頭取に本部の幹部たちが呼ばれた。私もその場にいた。

「どういう質問を議員がするのか、事前に質問を取ってきてもらいたい」

頭取が皆に真剣に頼んだ。

「そんなことをしたら私どもが住専の主力だと思われますから。責任が重くなります」

「野党には人脈もありませんし」

幹部たちは口々に否定的なことを言う。

要するにMOF担（大蔵省担当）は、大蔵省幹部とノーパンしゃぶしゃぶに行ったり、ゴルフに興じたりしていたにもかかわらず、いざ、問題が発生すると、「自分たちは何もできません」と、降りかかる火の粉を払うのに必死だったのだ。

頭取は、失意の表情を浮かべていた。

（いい加減な野郎ばかりだ。いざとなったらエリートというのはまったく役に立たねえもんだな）と憤慨した私は、たまたま住専問題の担当役員が元上司だったこともあり、こっそりと担当役員に「私がなんとかします」と囁いた。「お前が？」と担当役員はびっくりした。

勝算があったわけではない。なんとかしないと大きな問題になるという危機感、そして、あの頭取のガッカリした表情が哀れだったからだ。「どうしてこういう時に、火中の栗を拾おうという人材がいないのだ」という絶望的な表情だった。

私は、細い細い人脈を辿って三宅坂の社会党本部へ行き、そこで党幹部のX氏に会った。X氏とは以前、どこかの席で名刺交換したことがあるだけだった。

私はX氏に、「銀行のOB役員が住専国会に呼ばれます。どんな質問がされるか教えていただけませんか」と窮状を包み隠さず説明し、頭を下げた。

X氏は驚いたようだ。銀行員が社会党本部に質問取りに来るなど前代未聞だったろう。

「あんた面白いねぇ」

X氏は言い、別の社会党幹部Y氏を紹介してくれた。Y氏は、社会党国会議員の質問を考えるブレーンの中心だった。

会ってみると、Y氏も私に興味を覚えてくれたようだ。

「じゃあ、一緒に質問を考えてくれますか」

と言ってくれた。

「ぜひお願いします」

私は頭を下げ、それからY氏と一緒に質問を考えた。

翌日、私は担当役員に社会党の質問案を渡した。

「これをどこで入手したんだ?」

役員はびっくりして聞いてきた。

「まあ、そんなことはどうでもいいじゃないですか。それより、これをA氏や他行の国会に呼ばれる役員に伝えてください」

「わかった」

担当役員はすぐに受話器に手を伸ばした。

その後、国会では私がY氏と一緒に考えたとおりの質問がなされ、A氏は淀むことなく答えることができた。入手した質問内容と一言一句違わぬ質問を社会党議員がする姿を目の当たりにした担当役員が、私に言った。

「君は怖いねぇ……」

この一件については、私は行内の誰にも自慢したことはなかった。この時は共産党との人脈もできたが、銀行ではまったく評価されないことは分かっていたからだ。社会党や共産党に人脈があることは、銀行員にとってマイナスになることはあっても、プラスになることはない。そんな時代だった。

ともあれ、この時、お世話になった社会党のX氏やY氏、そして共産党の人たちとはいまだに交流がある。時々、往時をしのんでいる。社会党は、その後実質的に解党してしまったが、その解党祝い（？）も一緒にしたのが今となっては懐かしい。

根回しを活用してトップのホンネを引き出せ

今日、会社は社外役員ばかりだ。

私はある銀行の社外役員をやって手痛い目にあったから言う訳ではないが、執行を司る幹部が正しい情報を入れてくれなければ、月に数度、あるいは月に1回程度しか行かない社外役員にはなかなか判断が難しい案件もある。

最近の例なら、東芝の不正経理もそうだ。社外役員の中には優秀な方もおられただろう。

ましてや委員会制度を採用していた会社だったから、社外役員は目を光らせていたに違いない。しかし、不正が何年も行われていたことなどには微塵《みじん》も気づかなかったに違いない。

世間の人は、「それは、おかしいだろう。言い訳じゃないのか」と思うだろうが、そんなものなのだ。会社というのは、実際に実務を担っている経営者が本気で不正を隠蔽しようと思えば、社外役員がどれほど優秀であってもそれを見抜くのは難しい。

だからこそ！　根回しは現代にこそ、必要になっているのではないか。

社外役員に案件を説明に行く際、若手だけに行かせると良い。幹部が同席すると、若手は本当のことが言えない。もし問題がある際、若手だけなら、社外役員の疑問に素直に答える可能性が高い。勿論、上手にごまかす若手もいるだろうが、幹部よりはマシだろう。

社外役員は若手の説明を聞きながら、会社の真実の姿に近づくことができる。

こう考えれば、根回しを「日本的で無駄な習慣だ」と一方的に排斥すべきではないのかもしれない。

⑭ 社長という病
会社を生かすも殺すもこの人次第

社長には、オーナー社長と、サラリーマン社長とがある。

オーナーは自分が創業したり、先代が創業したりして、株の大半をなんらかの形で保有していることが多い。株の大半を保有していなくても、たとえばトヨタのように、創業家出身ならばオーナー社長のイメージはある。

サラリーマン社長は入社以来、真面目に努力して、一歩一歩上りつめていき、ようやく最高峰に到達した人間だ。人の何倍も努力しただろうし、激しい権力闘争を勝ち抜いてきたのかもしれない。いずれにしても、相当な努力を重ねた人物であることは間違いないだろう。

最近では、前記の2タイプに加えて「割り込み社長」というニュータイプが増えてきた。アメリカの有名大学でＭＢＡを取得し、ファンドの推薦によって突然、経営不振企業などの社長になるような人物だ。このタイプは、よくマスコミからもてはやされる。若くて颯爽《さっそう》とした人物である場合が多いし、プレゼン能力も高いからだ。

割り込み社長は、アメリカで身につけた手法で経営を改革していくのだが、従業員は辛いに違いない。「日本的経営が一番だ」と教えられてきたのに突然、変な若手から次々と改革の指示が来るのだから。

割り込み社長が日本人ならば少しは気を許せる部分もあるかもしれないが、これが外国人になるともっと辛い。ほとんどの場合、社長とは英語でしか会話できない。こうなってくると、今まで社内でくすぶっていた、仕事ができないのに英語だけはやたらと上手い人間が重宝されはじめる。今までは「英語屋」などとバカにされていた人間が、社長とニコニコ会話しながら社内を闊歩《かっぽ》する。

それを横目でにらみながら、今まで「国内営業の雄」などと言われた幹部は、外国人の社長に対し、「ジス・イズ・ア・ペン」とか何とか中学時代の英語の知識で案件を説明する。すると、「アナタノイウコトワカリマセン」と言われてしまう。待ってましたとばかりに英語屋がしゃしゃり出て「ペラペラ」と英語で説明する。

本当にちゃんと説明してくれているのかよく分からない。しかしじっと堪えるしかない。「くそっ。今にみておれよ」と奥歯を噛みしめたが、時すでに遅し。英語屋は、いつのまにか社長室長、取締役企画部長などへと出世していく。英語ができるだけのバカと思っていたらいつの間にか自分の上司になっている。

某巨大ファーストフードと某銀行の話

外国人社長ではないが、あるファーストフード会社の社長になった人物。彼はM&Aを得意とする社長で、いわゆるプロ経営者ともてはやされていた。あちこちの社長を経験し、業績不振が続く某巨大ファーストフード会社の社長になった。

次々とアイデアを駆使して業績は好転したかに見えたが、実際は不振店のリストラ利益が主だったことが後に分かる。結局、業績が再び不振になり、彼はまた新たな会社の社長になって出ていった。本当に運がいいのか、人脈がすごいのか。本人も努力しているのだろうが、よくも次々と社長のポストが舞い込んでくるものだと驚く。

ここで言いたいのは、彼のやり方に反発して、会社を辞めた人たち（先ほどの例で英語屋に内心「くそっ」と言っていたような人々）が、新しい会社に移って業績をあげているということだ。むしろ彼らが経営する会社が、元所属していた某巨大ファーストフード会社の業績を食っているとも言われている。

前の〝プロ経営者〟社長は、自社のファーストフードは口にしなかったという噂もあった。心から会社を愛していなかったのかもしれない。だから心から会社を愛していた連中は飛び出してしまったのだ。

ついでに言ってしまうと、ある破綻した銀行の話。

再建の際、まずは日本のビジネスに精通した社長が再建に当たった。今まで法人金融に注力していたが、リテールと言われる個人金融にヒト、モノ、カネを注いで見事に再建を果たし、再上場するにいたった。

後任社長は、最大の株主であるアメリカのファンドが推薦した外国人社長だった。

ところがコイツがダメだった。めちゃくちゃな高額の報酬を取る（前任の日本人社長はほとんどボランティアだったと言われる。破綻後の銀行には税金が投入されていたからだ）。自分が親しい外国人をどんどん役員で迎え入れる。彼らもメチャクチャな高額報酬を取る。

「もう嫌になりました」

当時、その銀行の日本人幹部からの嘆きを頻繁に聞いたものだ。

彼ら外国人社長は、目先の業績を上げ、自分や仲間の報酬引き上げばかり考えていたという。日本人の生え抜き《はぬ》をまるで奴隷のように扱っていた。そこへリーマンショックが起きた。瞬く間に不良債権の山。その外国人経営者は退陣してしまった。今は、別の日本人経営者がファンドの推薦で経営しているが、果たしてどうなるか、まだ分からない。

なんだか「割り込み社長」の悪口大会になってしまったが、オーナーであろうがサラリーマンだろうが割り込みだろうが、社長によって会社はがらりと変わるということだ。

「経営の神様」でさえ間違った？

昨日まで優良会社だったのが、社長が変わった途端にダメ会社になる例は多い。それだけ社長というのは重要なポストだ。高度成長期のように、言っては悪いが誰がやってもそこそこ業績があげられた時代ではない。誰がやっても難しい時代だ。できればいい時で交代したほうがいい。否、いい時ではなくダメな時でも社長が居座ってはよくない。難しいのは後継者だ。誰を後継者にするか。これが社長の最大の仕事だと言っても過言ではないだろう。

後継者をどう選んだらいいのか。どうしても自分の寝首を刈らない人材を選んでしまう。すると前任者を踏襲してしまうことになり、会社は縮んでいく。

あの経営の神様と言われた松下幸之助さんでさえ後継者選びには失敗したようだ。

自分の孫を後継者にしたいがゆえに娘婿の松下正治氏を後継者にしたが、なかなか思うに任せなかったと筆者の岩瀬達哉氏は『ドキュメント　パナソニック人事抗争史』（講談社刊）で活写している。正治氏を選んでからというもの次の経営者は氏の顔色をうかがう人材が続き、やがてパナソニックの衰退につながったというものだ。

私も後継者選びの場に遭遇したことがある。と言っても異常事態だった。第一勧銀総会屋事件で頭取、会長が辞任することになった。その混乱の中で後継者を選ぶことになった。事件の進捗《しんちょく》に深く関与していた私は、たまたま異常事態であるがゆえに後継者選びの場に居合わせざるをえなかった。一介の本部次長としてはあり得ない事態だ。

私は、合併行の派閥を超えた選択をしてほしかった。従来のたすき掛け人事（第一と勧銀で交互に頭取、会長を務める）を打破してほしかった。総会屋事件は、このたすき掛け人事が原因の一つになったのだから。

辞任するトップや副頭取や専務といった取締役たちに、たすき掛け人事廃止の要望だけを伝えて後任選びの議論をしてもらった。その議論には当然ながら直接は参加しなかった。活発に深夜まで議論が続いた。怒鳴り合いもあった。いよいよ長年続いたたすき掛け人事が廃止されるかもしれないと期待したが、実際は無理だと諦めていた。

彼らはどんな事態になろうともたすき掛け人事を止めることはできないだろう。だってそれこそが彼らの存在理由なのだから。

そして実際に提示された次期頭取、会長は見事なたすき掛け人事だった。

「これでいきたい」

前任の頭取は私に言った。苦渋に満ちた表情だった。私が満足するはずがないと知っていたのである。

「決まった以上、支えるのが私たちの仕事ですが、マスコミは当行のたすき掛け人事を強く非難していますから、この後任人事が受け入れられるかどうかは分かりません」

私は答えた。案の定、強い非難の中でその人事は崩れてしまった。

社長を人気投票で選んでどうする！

断言するが「前任が後任を選ぶ」というシステムは日本企業を悪くしている。選ばれた後任は、前任を否定もできず、超えることができない。

今日では委員会を作って後任を選ぶシステムになっている企業も多い。しかし前任が推薦する人の中から選ぶのだろう。それでは委員会というフィルターを使っているだけで変わりはしない。

きっと若手や中堅クラスから将来のトップ候補を選別し、互いに競わせながら帝王学を授けるシステムが必要なのだろう。世界最大の石油メジャーのエクソンモービルの社長選びはそのような長い時間をかけて行われると、内部の関係者から聞いたことがある。

繰り返すが、社長とは後継者選び、後継者作りが最大の仕事である。最高権力者といっても、会社というDNAを運ぶ一時的な船に過ぎないのだから。

不正経理を行った某大手企業で、社長の信任投票を実施するという。大手企業では初めてだそうだ。幹部社員が投票権を持っている。

バッカじゃないの。いくらガバナンスが重要だからといって社長の信任（人気？）投票を実施して、ダメなら社長の座から引き下ろすなんて異常だよ。

社長の不正を告発する内部告発の制度を充実させればいいことだ。そもそもこんな信任投票は、社外取締役を強化したはずなのにその権限や役割を矮小化《わいしょうか》するものだ。

社長がワンマンなら人気があるはずがない。たとえばヤマト運輸の元社長だった故・小倉昌男さんは、一番の取引先だった三越との取引をやめて宅急便事業に賭けた。もしもこの時に投票があったら、最大の取引先を切った小倉さんには社長失格の烙印《らくいん》が押されただろう。

現在の中国電力やクラレを創業した実業家の大原孫三郎氏は、「取締役の10人が賛成したら、その事業はダメ。3人くらいの賛成がちょうど良い」という意味のことを言った。それくらい社長の決断とは未来を決定するのだ。成功、不成功は先になってみないとわからない。それなのに幹部の投票で社長の良否を決めるなんて！

さらなるバカは「幹部社員だけじゃダメだ。従業員にも投票権を拡大しろ」などと主張している。こんな制度がまかり通ったら日本の企業は間違いなくダメになる。

⑮ 部課長という病

出世ではなく仕事と向き合えるかが勝負

私は職位でいうところの部長にはなったことがない。

資格は参与で、銀行員としては最高位だったのだが、その時の職位は築地支店長だった。高田馬場支店から築地支店に異動する際、人事部の後輩から「すみません。本部の部長になっていただこうと人事案を提出したのですが、トップに拒否されました」と連絡があった。

それで築地支店長になったらしい。私は、「まったく気にしていないよ。本部より支店のほうがいいから」と答えた。

それは本音だった。本部で役員の顔色を見ながら暮らすより、支店長として一国一城の主のほうがずっと精神的にすがすがしいじゃないか。

私を本部の部長に据えたくなかったトップが誰かはよく承知している。総会屋事件で一緒に戦ったと私は信じていたが、彼は単なる権力奪取闘争をしていただけだった。そのことを知られている私を本部の部長として近くに置きたくなかったのだろう。

あの総会屋事件の際、彼は事件と一連の改革について「お前はどう評価する？」と私に問いかけてきた。

私は「革命です。ずっと戦い続けねばなりません」と答えた。

彼は、うすら笑いを浮かべ、いかにも青臭いことを言うといわんばかりに「いや、これはクーデターだ。それも宮廷クーデターにすぎない」と言い切った。

私が革命だと思って「新しい銀行を作らねば、銀行のために不正に手を染め、逮捕された人々に申し訳が立たない」と考えていたのに、彼は自分の属する派閥（旧銀行）の復権を目指していたのだ。

あの言葉で私は彼を見限った。きっとその時、彼も私を見限ったのだろう。近くに置くと面倒な男だと思ったに違いない。

部長と課長のいちばん大きな違い

部長をやっていたら、どうなっていただろうかと思わないでもない。

部長とは現場指揮官のトップだ。執行役員であることも多い。そうでない場合もあるが、大きい部では１００人以上もいるだろう。

どういう立場なのだろうか。実際に経験していないので推し量るしかないが、相当なプレッシャーだと思う。

会社全体の方針に従って部の方針を立て、多くの部下をまとめて目標達成に向けて、粛々と推進していく。部長がだらしなければ部の成績は上がらない。成績が上がらなければ士気が低下し、さらに成績が上がらず、あえなく部長どまりということになる。

部長はどういう立場で仕事をすべきなのだろうか。これは絶対に経営側に立つべきだ。部をまとめるのに部下に阿《おもね》ってはいけない。部下の側に立つのは課長（次長）の役割だ。部長は非情でなければならない。目標達成に障害になっているものは、冷静、冷酷に切り捨てていかねばならない。

「トップを火の粉から守る」のがロマン？

さて、ここで問題だ。

経営側に立つべきと言ったが、経営側とは、会社なのか、経営者なのか。これは大きな問題だ。部長は経営者の方針に従って会社の業績を上げねばならない。上げられなければそれで終わりだ。しかし経営者が不正を要求したらどうしたらいいだろうか。

総会屋事件で逮捕される直前、総務部長が私にしみじみと言ったことがある。

「総会屋に利益供与をして株主総会を円滑に運営していた。それはみんな経営者のためだ。今回、こんな大きな事件となって利益供与はまかりならんということになった。それなのにここに至ってもまだ『株主総会を上手くやってくれ』と言うんだよ」

彼の顔は今にも泣きだしそうだった。情けなくて仕方がない。そんな様子だった。

「いったい誰ですか。そんなことを言うのは！」

私は憤慨した。トップ経営者に違いないのだが、私はバカ野郎と言いに行くつもりだった。ところが彼は「いいんだ。トップを守るのが男のロマンなんだよ」と言い、悲しそうな笑みを浮かべた。

彼は総務部長として、株主総会を運営する責任を担っていた。

男のロマンと言っていたが、無念なことに彼は逮捕され、その年の株主総会を指揮することはできなかった。その指揮は私に託されたのだった。

彼にとって「経営を守る」ことは「経営者を守ること」と同義だったのだ。どんなに守るに値しない経営者でも守ること、それが男のロマンだったのだ。

部長というのは、経営の一翼を担っている。課長たちより数倍の経営情報が入ってくる。その中には理不尽なもの、不正なものもあるだろう。

その時が勝負だ。部長は非情に経営側に立たねばならないと言ったが、それは経営者側ではない。経営者の要求する不正には否と言えねばならない。そうしないと部員全員が死んでしまう。

しかも、大抵の場合、経営者は露骨に不正を要求しない。曖昧に指示をするだけだ。それを易々と引き受ければ経営者は満足かもしれないが、経営は根幹から揺らいでしまう。

この否を唱える覚悟が部長にはあるか。

A部長は、経営者から政治家向けの融資をやれと言われた。無担保で5億円という巨額、利息のみ支払い元金の返済なしという、完全に不正融資というべきものだった。

A部長は、なんだかんだと言い逃れをし、拒否した。

すると隣の部のB部長が経営者に「私がやります」と手を挙げた。

その融資は不良債権となり、大蔵検査の対象となったが、B部長はごまかし続けた。経営者に気にいられようと一度手を染めた不正は発覚するまでごまかし続けねばならないのだ(その不正融資は結局、私が政治家から回収した)。

部長というのは、その後、常務、専務、社長とステップを上がっていく立場だ。大局から経営を見渡し、目標達成に部下を督励し、邁進《まいしん》させねばならない。

そこでの仕事振りがその後の立場を決めると言っても過言ではない。しかしどんなことがあっても、すべて経営者の言いなりになってはいけない。経営にとってなにが正しいかを考えねばならない。そうでなければ結局、守ろうと思った経営者を窮地に追い込んでしまう。

反対に課長は経営側に立つことはない。経営者側にも立つことはない。完全に部下と一体になり、泣き、わめき、笑いも一緒でなくてはならない。

広報の「1行いくら」戦略

本部の次長になった。広報部次長だ。課長と同じだ。

初めての本部での役職だった。それまでは人事部の担当者だった。

第一勧銀は特殊だった。第一と勧銀が合併し、世間的には融和を達成していたが、内実は二つに分かれたままだった。

広報部次長を拝命した際、親しくしていた企画部担当の役員に呼ばれ「君は初めての第一勧銀生え抜きの広報部次長だ。どうも今まではやれ第一だ勧銀だなどと仲が良くなかった。ぜひ上手くやってくれたまえ」と激励された。

私は、本部に着任して総括部、業務開発部、人事部とキャリアを積んでいたから本部の難しさは理解していた。しかしわざわざ私を呼ぶくらいだから、なかなかややこしいのだろうと想像した。

課長や次長になった時、次は部長だと考えるのはバカだ。このポストを上手くしのいで出世するぞと肩に力を入れるのもバカだ。

課長（次長）は軍曹と自覚した。部下たちと命を共にして闘っていくのだ。

ところが広報部の部下は意欲に乏しかった。なぜなら前任部長と前任次長の仲が悪かったからだ。部下がどちらかの顔色を窺《うかが》うようになっていたのだ。

前任次長が、後任の部長で、私はその後任だった。

本部での意欲付けをどうしたらいいかと考えた。本部の仕事は数値化しにくい。だから評価も意欲付けも難しい。結局、上司に覚えのいい部下が出世していく。

そこで私は広報としては異例の目標を掲げた。部員はみんな若く、営業店から来ていた。

――1行いくら――

新聞や雑誌に銀行の前向きな記事が掲載されれば、1行いくらと金額で評価し、それを賞与にも反映することにしたのである。

それまで銀行の記事はたいして新聞や雑誌に掲載されなかった。掲載されるような工夫や記者との関係を築いていなかったからだ。

1行いくらの単純化した目標は、若い部員を刺激した。彼らはどうしたら新聞に採りあげられるか自分で考えるようになった。たとえば金融商品でも新聞の読者（すなわち消費者）に合わせて自分独自の切り口を考えるようになった。銀行内で記者の質問に答えられる市場関係者、調査部員のリストを作成して電話番号まで掲載し、マスコミに提供した。たとえば、中国市場はどうなっているのかと記者が疑問に思ったら、そのリストに掲載されている中国関係に詳しい調査部員に連絡すればいい。調査部員のコメントが5行掲載されれば、広報部員の獲得ポイントになる。

単純な目標は、動き方をシンプルにした。部員は目の色を変えて目標に向かって動いた。支店で預金や投資信託を獲得するのと同じだ。今までどうしていいか分からなかった広報活動が極めてシンプルになったのだ。

課長になったらひたすら部下を見て、部下の特性を見抜き、彼らをどうしたらシンプルに動かすことができるか考え、実行することだ。それには課長が部下の側に立ち、経営側、経営者側に立たぬようにすることだ。

部長・課長に絶対に必要な共通事項はなにか。それはイメージを強く持つことだ。自分の組織をどういう組織にするか。そのイメージをはっきりと持たねばならない。そうでなければトップの指示をそのまま部下に垂れ流すだけの組織になってしまう。

強い組織となるためには、部長や課長が、強さとはどういうことなのかということを考え、イメージを作り上げ、それに合わせた組織を作る——まさにその点が肝要なのだ。

⑯ハラスメントという病
自省するしか対策のない「完全なビョーキ」

セクハラやパワハラ、モラハラという言葉はすっかり定着した感があるが、「家事ハラ」「アルハラ」「スモハラ」はまだ市民権を得るまでにはいたっていない。

家事ハラは、「普段は家事をしない配偶者に完璧な家事を求めること」、アルハラは「アルコール・ハラスメント」つまり、酔った上での迷惑行為や飲酒の強要、そしてスモハラは「スモーク・ハラスメント」の略で、タバコを吸わない人をタバコの煙を吸わざるを得ない環境に追い込む行為を指す。

ことほど左様に世の中ハラスメントだらけである。まあ、日本語で言えば、「嫌がらせ」だ。ネットでちょっと調べたら「〜ハラスメント」という言葉が30種近くもあって驚いた。「エアー・ハラスメント」なる言葉もある。特定の人を苛《いじ》めるためにその場の雰囲気を意図的に悪くすることだそうである。こうなると、犬も歩けばハラスメントに当たる。これじゃハラハラしてどこにもスメント（フン。オヤジギャグと笑わば笑え）。

「女性の尻を触れたこともなくて課長が務まるか」などとバカなことが、昔は当たり前のように言われていた。ハッキリ言えば、会社は完全な男性中心社会であり、女性は完全に補助的位置付けだった。そんな時代だからこそ、こうすれば女性が喜ぶだろうと通りすがりに尻を触っていたのである。これはそんな昔の話ではない。

2500年前に孔子は言った。

「己の欲せざるところ人に施すなかれ」

他人の嫌がることをやらなければいいだけの話なのに。

親睦のつもりが……

セクハラの事例。

二人の娘がいたA支店長は、日ごろから女性の気持ちは分かっていると話していた。彼には料理の趣味があり、毎月月初に自分の手料理を支店のみんなに振る舞うのを楽しみにしていた。

前任店でも手料理は好評だった。そこで次の支店でも同じようにした。すると副支店長が、「もしも食当たりでも起こしたら大変ですよ。止めてください」と言った。A支店長は、「僕の料理が食当たりを起こすというのか」と怒った。

支店長は、副支店長の諫言を無視して、営業時間中に女子行員に食材を買いに行かせ、支店の厨房で料理を作り、営業終了後にみんなにご馳走した。

そりゃ嘘でも美味しいと言うよね。支店長が作ったものをケナすワケにはいかない。

そして食事が終わった後は、お決まりのようにみんなでカラオケに行く。支店長とともに向かうのは、課長が集めた部下や女子行員。ちなみに支店長の十八番は「銀座の恋の物語」。支店に残った者は後片付けである。これが1回なら許せるが、毎月になると、もうみんなが嫌になってきた。

ある日、A支店長はセクハラで訴えられた。

「毎月、支店長が食事を振る舞われ、その後はカラオケに行かれるようですね」

A支店長を尋問したのは本部にいた私だった。即座にAは反論した。

「みんなは喜んでいます。私は無理強いしたことはありません」

しかし訴えた女子行員は「毎月、カラオケでデュエットさせられるのが嫌なんです」と言っていた。そのことを伝えると、Aはさすがにガックリとしていた（結局更迭された）。

A支店長は、部下が自分の手料理、そしてカラオケを喜んでいると思っていた。ところが部下は負担に感じていた。上司は、自分の楽しみを部下に押し付けてはならないということがこの例からよく分かる。とにかく押し付けたらハラスメントなのである。

気をつけねばならないのは、往々にして調子のいい「ゴマすり部下」がいることだ。上司に真実を見せないことにかけては天才的な部下がいる。

このA支店長の例でも、いそいそとカラオケのメンバーを集めていた課長は典型的なゴマすり部下だった。支店長に媚《こび》を売る狙いもあったが、本当は、口うるさい支店長に早く帰ってほしかったからだった。

こういう部下を安易に近づけてはいけない。必ず足をすくわれてしまう。

旧一勧のパワハラ傷害事件

パワハラの事例。

バブル華やかなりし時代、ある支店に、それはそれはひどい副支店長がいた。

終業時間前、実績を上げずに帰って来る部下を支店の行員通用口で待ち伏せし、「稼ぐまで帰ってくるな」と夜の町へ何度も押し返すような人間だった。

だが、これは序の口だった。

彼は支店内に必ず一人、スケープゴートにする人物を見つけておく。部下への締め付けを強化するため、見せしめとして吊るし上げる対象を作っておくのである。

ある日、部下を集め、スケープゴートにされた部下に命じた。

「その机の上に座れ」

部下が机を見ると、そこには算盤《そろばん》があった。彼は躊躇した。

「その上に座るんだ！」

彼は仕方なく算盤の上に座った。江戸時代の拷問刑である「石抱《いしだき》」を真似たものだ。江戸時代、罪人は三角形の木を並べた台の上で正座させられた。膝の上には重い石が乗せられるため、鋭い木が脛《すね》に鋭く突き刺さる。強烈な拷問だった。三角の木を並べた台の形が算盤に似ていたことから、この拷問は「算盤責」とも言われていた。副支店長は、これを真似ていたのだ。なんというサド男。

脛に算盤の珠《たま》が当たり、標的にされた部下は次第に痛みで唸り始めた。

だが副支店長はこれだけでは飽き足りなかったらしい。片手に別の算盤を握り、それを振り上げると、キエーッと一声叫んで、スケープゴート君の頭を殴ったのである。振り下ろされた算盤は砕け散り、彼の頭からは血が吹き出した。

「拾え！」

気を失いそうになりつつ、必死に傷口を押さえる部下に対し、副支店長はさらに命じた。

ブラック企業の話ではない。旧第一勧銀であった本当の話だ。これはもうパワハラを超えて完全な傷害事件である。もちろん、この副支店長は後日更迭されたが、殴られた部下のほうは、怪我が治った後も心の傷はなかなか癒えなかった。

「なにかにつけて『ハラスメント』と言われるようになったために、部下の指導がやりにくくなった」などと嘆く上司がいる。おかしなことを言うなと言いたい。パワハラ、セクハラが定義づけられたからこそ、部下の嫌がる行為を上司が控えるようになったのだ。部下がのびのびと仕事をすることができるようになったプラス面のほうがはるかに大きいはずだ。

マタハラ（マタニティ・ハラスメント）という言葉の普及によって「子どもができたら退職を無理強いさせられる」という問題が定義された。そのため改善の方向に向かっている。

病気はいったん病名がはっきりすれば、対処のための薬や治療方法が確立していく。まずは病気に名前をつけ、定義づけることから始まる。

ハラスメントは病気の一種だ。だが病気であることに気づかない加害者が多い。医者が必要だ。それでも会社の中には、まだまだいい医者が少ないから、今日でも会社の至るところでハラスメントが起こっている。

社内恋愛は高くつく

社内恋愛であってもセクハラになった例がある。

アメリカの某支店でのことだ。妻子ある身の課長が現地の女性と恋におちた。ところがご多分にもれず別れてしまった。ここまではよくある話である。

だが、女性は課長が直属の上司だったことからセクハラで訴えた。ただし「課長」ではなく「銀行」をである。３０００万円ぐらい要求してきたと思う。

その時、さすがアメリカだなぁと思ったのは、セクハラをしたと指摘された課長の弁護士が「(課長に対し)不当な人事上の扱いをするな」と会社に警告してきたことだった。この課長に責任を取らせる形で左遷しようものなら、やはり銀行を訴えるというのである。

今なら少し考えるだろうと思うが、結局、銀行はこの課長を日本に強制的に戻した(訴えてくることはなかった)。一方の女性には３０００万円満額を支払い和解している。

セクハラの可能性を考えれば社内恋愛もご法度だ。お互い責任が取れればいいが、そうでない場合は、セクハラで訴えられ、地位を失うことになる。最近、地方の町長とかがセクハラで訴えられるケースがあるが、あれなども本人は「恋愛だった」などと抗弁している。あんなスケベ面したジジィ町長が「恋愛だ」と言っても誰も同意しないよな。

もう一度言う。ハラスメントは病気。いい医者に診てもらわなければ自分では気づかないことが多い。地位を得て、いつの間にか傲慢になっているからだ。

ときどき、「自分は傲慢になっていないか」と、自省するしか防ぎようはない。

⑰ 取締役という病
社長に異論を言えないような役員は失格だ！

「これから、ウチの銀行の取締役になろうとする人はいるのか」と心配したことがある。総会屋事件直後の株主総会を私が仕切ることになった時のことだ。

すでに述べたとおり、総務部長が逮捕され、私が総務部長の代わりを務めざるを得なかった。株主総会の最大の役目は、株主から決算と取締役の承認を得ることだ。たとえ取締役候補になっても株主総会で承認されなければ取締役にはなれない。その時も何人かが取締役候補にはなった。

その頃は11人もの取締役や元取締役が一気に逮捕された後なので、たとえ取締役候補になっても辞退する人が出るんじゃないかと心配したのだ。

だが……結局、辞退者は一人もいなかった。

「こんな非常事態でも、人間って役員になりたいんだなぁ……」と私は感慨を深くした記憶がある。

まあ、気持ちはわからないでもない。

取締役——会社に入った者としては憧れの存在である。同期入社やその前後の者たちと競い合い、最後の最後まで気を抜かなかったご褒美として晴れて取締役に選ばれる。サラリーマンにとっては出世の最終目標と言えるかもしれない。

だが、現在では出世の最終目標としての位置付けが変わってしまった。

執行役員制のためだ。さらには社外取締役が増えたせいだ。

取締役と執行役員の違いを知ってますか？

執行役員制は、「取締役が多くなりすぎて活発な議論ができなくなった」などの理由から導入された制度である。

これまで株主総会で選ばれていた取締役の大半は執行役員に変わった。両者は似ているようでまったく違う。株主総会で選ばれるのではなく取締役会によって選ばれる。だから株主には責任を負う必要はないが、社長には絶対服従の立場となる。その上で営業等の実務を担当させられる。執行役員としての働きが認められれば晴れて取締役になれる——というような流れができた。

つまり取締役は、会社法に基づいた役職であり、会社の重要事項を決定する権限を持っている。代表取締役社長というが、単なる取締役も会社法上は同じ権限を持っている。

だから取締役は社長に対してヘイコラする必要はないのだ（実際はヘイコラしているのだろうが）。だから一応は社長に対して「ダメなものはダメ」と言うことができるし、また言わなければ責任を問われる。社長が間違っていたら取締役会でNOと言うべき存在だ。NOと言って、社長が「クビ！」と怒鳴っても取締役はクビにならない。株主総会でしか退任させられないからだ。

一方、執行役員は会社法上の役員ではない。会社が決定した重要事項に従って実務を執行する責任を持つ幹部従業員に過ぎない。取締役と執行役員とでは、権限や責任の大きさ、待遇も月とスッポンくらい違うといっても過言ではない。

本来は、社長の暴走をチェックするために存在するのが取締役。だが、社長にヘイコラペコペコする取締役が増えすぎたために機能しなくなり、それなら機動性もある執行役員制のほうがいいんじゃね？　ということになった。少ない取締役で濃密な議論を行い、重要事項を決定し、実務は執行役員に担ってもらう、と、こういう仕組みになったのだ。

ある執行役員が言った言葉が引っ掛かっている。

「執行役員にはなったけど、しょせん1年かぎりの臨時雇用だからね」

実績を上げなければ1年でお払い箱になる自分を自嘲しての発言だった。

取締役がだらしなく、社長の行動をチェックできず、覚悟を持って重要事項を決定しないからこそ、執行役員のような、役員であって役員ではないという曖昧なポストができたのだと思う。

ちなみに、この執行役員制を日本で初めて導入したのはソニーだ。1997年のことである。当時、ソニー経営陣のガバナンスに問題があったわけではない。つまり、必要に迫られての導入ではなかった。

「日本企業に馴染むかどうかも分からない制度を取り入れて、うまくいくのかねぇ」

当時私は、眉に唾する思いで報道を眺めていた。

その後、案の定というべきか、ソニーから昔日の輝きは急速に失われ、普通の電機メーカーに成り下がってしまった。

社外取締役という、さらなる病

思うに、日本企業は、取締役制度を再評価するべきではないだろうか。

今日は、やたらと「ガバナンス」が問われる時代である。

年金資金を運用する年金積立金管理運用独立行政法人、通称「GPIF」は「ESG投資」を謳っている。環境（Environment）、社会（Social）、そしてガバナンス

(Gavernance) の面で優れた企業に投資をすることになるという。GPIFの投資を呼び込みたい企業としては当然ながら、ESGを考えた経営をせざるを得なくなる。

でも、そもそもガバナンスって何だろう?

「企業統治」などと、こなれない訳語が当てられているが、昔からある日本語で言うなら、「売り手よし、買い手よし、世間よし」の「三方よし」ということではないかと私は思うのだ。

経営の中心は社長だ。その要が暴走しないようにチェックするのが取締役の重要な役割である。前述したとおり、取締役は、社長から独立した経営者の一人として、その会社の運営に対する責任と義務を負う。ところがこの取締役が、まるで社長の部下のようになってしまったところから、企業社会に不正がまかり通るようになった。

そこで、改めて社長から独立した第三者的視点を経営に取り入れるという名目で導入されたのが「社外取締役」の制度だった。

しかしながら、社外取締役の制度をうまく機能させるのは非常に困難である。東京電力も東芝も社外取締役を導入していた。それでは社外取締役は福島第一原発事故を防げただろうか。巨額の不正経理を見抜けただろうか。今さら問う必要はないだろう。

社外取締役は、不祥事を防げないばかりか、相応の報酬と待遇を受けておきながら、いざ不祥事が発生した途端、みな一斉にいなくなるではないか。いったい今まで何をしていたんだと言いたくなる。

私も社外取締役をしていたことがある。破綻した日本振興銀行の社外取締役として。失敗した人間が何を言っても言い訳になるが、「不祥事が起きた時のための社外取締役だろう」と思い、同行が経営不振に陥っても逃げず、他の社外取締役と一緒に再建にむけて努力はした。結果は決して望ましいものではなかったが、逃げることだけはなかった。

そんな失敗の経験から学んだことがある。

社外取締役は実際の経営を毎日見ているわけではない。実務を担う社長たちからの報告で経営状況を判断する。つまり、その報告が正しければ正しい判断も可能になるが、上がってくる報告や情報が間違っていたり、改ざんされていたりしたら実態を見抜くことは、まず不可能だ。これは、言い訳ではない。そういうものなのだ。だから社外取締役に、社長の暴走を止めることを過大に期待してはならないと思う。

いよっ、取締役！

第一勧銀時代、取締役会を傍聴する機会があった。総会屋事件が起きた後のことだ。

取締役たちの顔は一様に緊張していた。というのも、取締役会での発言内容が問題になり、逮捕された取締役が出たからである。その会で、ある取締役が「この案件に自分は反対する。理由はこれこれ。そこはきっちり議事録に記録してくれ」と発言した。

私は目をむいて驚いた。取締役会で案件に反対し、それを議事録に記録しろなどと迫る取締役など、それまでの行風からは想像できなかったからだ。

その取締役は私の嫌いな人物だった。いつも、責任を取らずに逃げるようなタイプの男だと思っていた。だから私はその時も「下らねぇ野郎だ。また逃げを打ちやがった」と心の中で舌打ちしていた。

しかし、いま改めて彼の言動を思い起こしてみると、あの姿勢こそ取締役の正しいあり方なのではないかと思うのだ。大事なことなので何度でも言うが、社長の暴走を止めることができるのは取締役だけだ。取締役が責任を果たせば、ガバナンスはおのずと機能する。

執行役員のような臨時雇用系の幹部ポストは廃止し、以前のように多くの取締役を株主総会で選出すればいい。改めて彼らを、社長の子飼いではなく、「意見を言える存在」として位置づければ、社長の暴走を止めることができる。

先進的経営を気取って日本人のメンタリティに馴染まない制度を弄《もてあそ》ぶより、従来のやり方をもう一度見直し、磨き上げて使ってみよう。もちろん、過去の失敗は十分に反省したうえでのことだ。そのほうがずっと効率的で堅実な経営になると思う。

⑱ 同期という病
時には同志、時には憎い敵

私は銀行の同期会に参加したことがない。

いや、案内は来るのだ。

聞くところによると、同期の連中は今やそれぞれ関係会社に行ったり、リタイアしたりしているらしい。

なぜ、私が顔を出さないかといったら、それは私が49歳で銀行を中途退社してしまったからだ。それが心に引っかかって、どうにも行きにくいのだ。

私は、小説を書いたり、テレビに出たりしているので、周りからは目立ちたがり屋と思われているかもしれないが、意外に引っ込み思案なところがある。

だから途中で退職してしまった引け目から、ちゃんと銀行員を全うした同期の前に顔を出すことに気おくれしてしまうのだ。

懐かしい連中と、昔話や近況を語り合いたい気持ちはあるのだが……。

カンニングの友

それにしても、「同期」というのは面白い集団だ。

戦中の「同期の桜」という言葉からは、生死をともにし、お互いが信頼関係で結ばれ、離れ離れになっても絆は切れない存在——というイメージがある。

会社の「同期」はまたちょっと意味合いが違う。たまたま一緒に会社に入り、出世レースをヨーイドンで走らされる対象だ。いつも競争させられ、比較される存在である。

私の銀行の同期は96名。就職氷河期であったこともあり、先輩や後輩の年次に比べると、同期は少なかった。初めて配属された支店には同期はおらず、私一人だった。

同期が役立ったのは試験の時だ。社内試験の途中でこっそり連絡をとって答えを教えてもらった。今だから言おう。カンニングである。

次の支店に行った時も、やはり同期に助けてもらった。この同期は融資課にいた。この時の私は、転勤してきたもののポストも仕事もなくてブラブラしていた。同期は、盛んに副支店長に「早く江上を営業に登用しないともったいないですよ」と掛け合ってくれた。私が営業に行くことができたのは彼のおかげである。

その後は同期と一緒に仕事をする機会はなかったし、助けあうということもなかった。

ヤクザに対峙しようとした我が同期

同期に対して腹を立てたことがある。

すでに述べたとおり、私が所属していた銀行では入行後7年で主事という管理職への道が開ける。だが、そのためには第一次選抜という狭き門をくぐらねばならない。エリートへの道である。同期は96人。その狭き門をくぐれるのはせいぜい二十数人しかいない。

私は運よくその門をくぐり抜けた。親しかった同期の中には残念な結果になった者も多い。ところがその門をくぐって第一選抜になった途端に退職してしまったヤツがいた。第一選抜というハクをつけた上で海外の大学に留学しMBAを取得、外資系銀行に転職したのだ。

もし彼が第一選抜の前に退職していれば、その分の枠が空き、残念な結果に終わった同期が一人でも門をくぐれたかもしれない——そう思ったからだ。

大変な時期に同期に助けられたこともあった。あれは総会屋事件の後、暴力団や右翼団体の金銭や雑誌購読の要求を謝絶しようという時期だった。当時の私は「社会責任推進室長」として仲間と共に彼らに対峙せねばならなかった。

その時、どうせなら本部の次長たちにも協力してもらおうと考えた。総会屋事件は、暴力団や総会屋、右翼団体への恐怖に負けてしまったことが契機となって起こった事件だったたからだ。これを克服するには、まず本部の次長全員にヤクザ連中と対峙する貴重な経験をしてもらうのも重要じゃないだろうかと考えた。

私や室員は慣れていたからいいが、集められた本部の次長たちは青ざめていた。エリート部署の次長ほど怖がって嫌がった。なぜそんなことをしなくてはいけないんだという声をあげる人間もいた。

その時、同期の事務部の次長が、「私にやらせてください」と声をあげてくれた。大人しく真面目なヤツだった。事務部は銀行の基盤だが、決して派手な部署ではない。

「こんな危機的状況に何か役立つなら言ってくれ。怖いけど、やるよ」

彼の言葉で流れが決まった。本部次長が協力してヤクザと対峙することが決まった。

エリート部署の次長たちは日ごろは偉そうにしているが、いざとなると頼りにならない。それよりも、普段は黙々と職務に専念している事務やシステムといった地味な部署の次長のほうが覚悟があったのだ。

私は、同期の彼に「ありがとう」と言った。やはり同期は仲間だと思った。

だが、後日、彼には悪いことをしてしまった。

ある日彼から「早期退職をしたいんだけど、どうかな」と相談を受けた。第一勧銀がみずほ銀行へと変わる過程で早期退職制度が導入されていた時期だった。

「残った者のほうが勝ちだと思う。俺は辞めない」

私はそう答えた。それは、当時の本心だった。

ところが、私を取り巻く状況が大きく変わってしまったこともあり、当の私が早期退職を利用して辞めてしまった。彼を裏切った恰好になった。それ以来、彼には会っていない。

本当に心を許せるのはリタイア後

その一方で、同期は、やはりライバルでもある。銀行の場合、一般に100人の同期がいれば入行7年でまず30人が選抜される。9年でそれが20人、12年で15人、15年で10人程度に絞られていく。支店長になる20年後は5人ほど。その5人で最終レースが行われる。

落とされた者はそれなりの人生であってもエリートではない。

このような図式は、おそらく銀行以外でも同じようなものだろう。ある程度の規模の会社は、こうやって選抜に選抜を繰り返し、トップに相応しい人材を選んでいく。

選抜に洩れた人材は、たまたまその時のパフォーマンスが会社にとって悪かっただけのことかもしれない。そして、選抜に残った者が本当に会社の将来を担う優秀な人材なのかどうかは分からない。

私は自戒を込めて、選抜に残った者は「結局、要領がいいか、上司へのゴマすりが上手かっただけだ」と思っていた。実際そういう者も多かった。

それでも、同期の中で選抜される事実からすれば、同期はライバルだ。

結局、同期同士が本当に腹を割って話ができるのは、会社という頸木《くびき》から離れた引退後になるのだろう。出世という欲から離れて初めて心を許せるのではないか。

警察のノンキャリアの友人がいる。彼は64歳だ。引退して夫婦で楽しく暮らしておられる。

彼は、いつも同期の話をする。年に何回も集まりがあり、嬉しそうに参加する。

同期は本当に仲がいいそうだ。なぜかなと考えた。

警察官は命がけで暴力と戦う。その時、後ろから絶対に襲ってこない（物理的に襲うのではなく足をひっぱること）と信頼できる存在が同期なのではないか。

同期が自分を守ってくれるから、命がけで暴力と戦うことができる。そんな信頼が同期にある。彼と話していてそう思う。

ああ、同期っていいな、と彼の話を聞いていて羨ましく思う。

そして、そんな同期を持っていない自分を情けなく思う。

⑲ 創業者という病
すべてを失う覚悟もなしに起業するな

創業者という存在は会社にとって特別なものだ。

創業者は、会社を興し、成長させてきたドラマの主人公だ。たいていは誰よりも仕事の現場を知悉《ちしつ》し、会社と従業員を愛している。だから彼に従業員は付いてくるのだ。

銀行員は金の勘定はできるが、実際の話、現場のことはなにも知らない。知らないクセに知ったかぶりをするから間違うことが多い。

銀行が、企業の経営再建に乗り出すことがある。担当する銀行員は、創業社長に経営再建計画を作成させ、頻繁に銀行に呼びだしては、あれこれ文句を言い叱りつける。創業社長は、自分の子どものような若い銀行員に頭を下げ下げ、協力を仰がなければならない。

こんな時、創業社長は暗い顔をしているはずだ。その顔で会社に帰れば、従業員たちも暗くなる。そして業績はさらに悪化していく。

会社が倒産すれば銀行の不良債権が増えはするけれど、銀行員個人の懐が痛むわけじゃない。

でも創業社長は違う。すべてを失う。銀行借り入れの際に個人保証人にもなっている場合がほとんどだから絶対に逃げられない。言葉は悪いが尻の毛まで抜かれてしまうのだ。こんなリスクの多い人生を選択しているのが創業者なのだ。安定志向の人間にはとても務まらない。天賦の才能が必要だ。だから、それだけのリスクを取れる「器」もないのに会社を興そうとすると、必ず失敗する。

最後は「人」で判断する

私が高田馬場の支店長をしている時、突然、若い人が訪ねてきた。誰かの紹介があったのかどうかも思い出せない。大学を卒業したてのような風貌の彼は、支店長の私に向かって自信たっぷりに言った。

「会社を作りたいんです。私と創業メンバーの2人に合計3000万を貸してください」

いきなりである。

「担保や保証人は？」

「ありません」

「失敗したらどうするのですか」

「失敗しません。夜逃げもしません」

あくまで自信で押してくる。

「面白い奴だな」と思ったので、事業計画を聞いてみた。ネットを利用した人事採用ビジネスを立ち上げたいということだった。

私は彼とその仲間たちの話を聞き、評判を調べた上で彼に融資することにした。担保も保証人もないという無名の若者に事業資金を融資するなんて、大手銀行ではありえない。でも、彼らには頭の固い銀行員を突き動かす何かがあった。

彼の会社は、今ではジャスダック上場の立派な企業に成長している。

「私の判断はやはり正しかった」と胸を張ることもできるのだが、いったい私は何を信用して彼に融資をしたのだろうか。むろん事業計画を詳細には聞いたが、専門的な事業の評価はしょせん素人である銀行員には不可能だ。

やはり「人」だったのだと思う。彼は創業者になるべき面構えをしていた。具体的には、多少強引で、自信家だった。「夜逃げもしません」と言っていたが、たしかにコイツはしないだろうなと思わせる誠実さが滲み出ていた。

現在、この若き社長とはフェイスブックで繋がっている程度で、個人的な交流はほとんどないが、今でもみずほ銀行の行員に対して「自分は以前、江上さんにお世話になりました」と言ってくれているらしい。それを聞くだけで嬉しいものだ。

「24時間寿司」社長の決断力

こんな魅力的な創業者もいた。築地支店長の時だ。

私はそこで人気の寿司屋を見つけた。その頃の築地界隈の寿司屋はバブルの後遺症に苦しんでいた。景気のいい時に借金で投資をしたため、その返済に苦しんでいたのである。

だが、その店だけは妙に活気を感じた。掲げられている「24時間営業」の看板を見て、

「へぇ」と思った。

寿司を24時間提供できるのか？　客はいるのか？　魚の鮮度はどうなるの？

私は、取りあえず店に通ってみた。朝、昼、夜。どの時間帯も満席だが、客層はそれぞれ違った。昼や夜はビジネスマンやＯＬの姿が目立つが、深夜から朝にかけては芸能・テレビ関係者とおぼしき連中が多い。近くに電通などがあるせいだろう。

担当者に自行との取引を調べさせたが、過去に取引はない。私は訪問することにした。

支店の担当者は、「支店長が行くような先ではない」と言う。

築地支店は貸出金２５００億円ほどの、みずほ銀行最大の支店だったが、たとえ小口の取引になろうとも、新規開拓は絶対に必要だった。

私は面談を申し込んで創業者である社長に会った。面白く、精力的でアイデアマンだっ

た。寿司屋だけでなく、コンビニエンスストアほか、いろいろな事業に手をつけていた。「〝24時間寿司〟というのはとても新しい。この事業に集中されるなら融資をさせていただきたい」と私は頼んだ。社長は事業を拡大する意欲はあったのだが、バブル崩壊後であり、どの銀行もまともに相手をしてくれなかったようで、私の提案は渡りに船だったらしい。「本当ですか」と、大きな身体を揺するようにして喜びを全身で表していた。

創業社長だけあって決断と実行がすごかった。すぐに事業を24時間寿司に集中した。融資を行ってから1年後、その会社は年間数億円を稼ぐ会社に変貌していた。そればかりか、今度はみずほ銀行築地支店の不良債権先企業の再建を支援してくれるほどになったのである。銀行にとって、こんなにありがたい取引先はない。

創業者というのは、かくも魅力的な人物が多い。創業社長というのは口八丁手八丁の人物も多い代わりに、素直な目でじっと見れば、「この人は支援しても大丈夫かどうか」の判断がつけやすい。そしてその判断はほぼ間違うことはない。これはサラリーマン社長にはない魅力だと思う。

創業者を多く輩出する国、それはきっと魅力的な国だろう。日本は、そんな国になれ。

⑳ 先輩という病

地位が逆転する時に歪みが起こる

私はロクでもない上司には何度も仕えたが、先輩には恵まれていたと思っている。銀行に入って最初の勤務地の大阪・梅田支店にはいい先輩がいた。「大阪の水に慣れんとアカンで」と言って、入行してすぐの私を、身銭を切って悪所に連れていってくれた。

「これで俺とお前は兄弟みたいなもんや」

剛毅な先輩だった。その気遣いが嬉しかった。だから私も後輩が入行してきた時に、「これが当店の伝統や」と言って先輩として同じように後輩の面倒を見た。

「こんなこと彼女に知られたら怒られてしまいます」と泣いていた後輩は、その後銀行の役員になった。きっと今では昔のことを忘れて新入行員に道徳を説いていることだろう。

梅田支店時代、くだらない指示ばかりする上司（副支店長）がいた。ある日、私と言い争いになった。原因は「ある案件を承認したか、しないか」という些細なことだ。

「私は承認していない」

「でも、承認印が押してあります」

勘のいい読者は気づいたかもしれない。そう、これは前述した「印の天地がひっくり返って押してあるから、これは不承認の意味だ」と言ってのけた不届き者の上司の一件である。

この上司の言い草に私はキレた。新人であるにもかかわらず、満腔の怒りを込めて上司に襲いかかろうとした。その寸前で先輩たちが駆け寄って、私をはがい絞めにした。まるで忠臣蔵の「松の廊下」である。

そのまま私は、当時の支店が入居していたビルの地下にあった、「コハク」という名前の喫茶店に連れ込まれた。先輩たちは口々に「短気は止せ」「腹は立てるな」「後は任せろ」と私を宥《なだ》めてくれたのである。あの時、怒りに任せて上司を殴っていたら……私の人生はまったく違ったものになっていただろう。きっとどこか銀行以外の職場にフラフラと漂っていたに違いない。そう思うと、梅田支店の先輩たちには頭が上がらない。

起死回生の一発逆転

当時の先輩は、ひたすら後輩を可愛がってくれた。まさに「無償の愛」という言葉がぴったりハマる。

男性の先輩ばかりじゃない。女性の先輩も同じだった。昔は、新人教育が体系だっていなかったから、実務は女性の先輩が教えてくれることが多かった。

そこで恋愛が生まれ、結婚に至った者も多い。

私の教育係だった先輩女子行員Oさんは小柄で可愛い人だったが、指導は厳しかった。

ところが指導される内容が経験に基づくものだったので、銀行の正式な事務手続きとは違うことがあった。ある日、私は言った。

「教えてもらったこと、事務手続きと違います」

Oさんは虫の居所が悪かったのだろう。はげしく怒った。

「アンタみたいな新人にはもう何も教えへん！」

これは大変だ。女子行員のボス的存在である彼女に嫌われたら支店では生きていけない。

しかし「違うものは違う」。私は決して謝罪しなかった。ますます扱いにくい新人と思われたのだろう。本当に何も教えてくれなくなった。他の女子行員も私を避けるではないか。

いよいよ困ったことになった。

ある日、Oさんが結婚するという情報を入手した。私は、ガラス食器を製造する友人に頼んで段ボール箱一杯のガラス食器を購入し、例の喫茶店「コハク」に保管してもらった。

「ちょっと話があるんですけど」

私はOさんに声をかけた。

Oさんはビクッと緊張した顔になった。私を無視していることを自覚しているので、ついに私が文句を言ってきたと思ったのだろう。

「なによ？」

きつい表情で言う。

「喫茶店に来てください。話があります」

私は嫌がるOさんをコハクに連れこんだ。彼女とテーブルを挟んで対峙した。

「なんやの？」

当然ながらOさんは警戒している。

「おめでとうございます」

私は、Oさんの目の前に段ボール箱を置いた。「ガラス食器が入っています。日常に使う安物ですけど（本当はそれなりの価格だった）。ぜひ受け取ってください」。

Oさんの目にみるみる涙が溢《あふ》れた。「ありがとう、ありがとう」。

まさか私からプレゼントされるとは思っていなかったのだろう。ものすごく喜んだ。

その日を境に、Oさんの私に対する態度がガラリと変わった。ボスが変わったのだから、当然ながらその他の女子行員もすべて変わった。みな、私への態度は優しく、柔らかく、もっと言えば尊敬のまなざしさえ感じられるほどになった。

この新人、わりあい、やるやないの——そんな感じだろうか。

私はOさんへのプレゼントで支店の女子行員の心を摑んだのだ。これはいい勉強になった。ボスを押さえれば、すべて上手くいくことを学べた。

「立場の逆転」人事は止めたほうがいい

やむを得ぬこととはいえ、ある先輩に悪いことをした記憶がある。

同じ職場で彼を追い抜いてしまったのだ。

やはり梅田支店時代の出来事だ。銀行員は入行後、内部事務を研修した後に、営業を担当するのだが、通常は、先輩が営業に発令を受け、その翌年は後輩である自分が……といった具合に順番が狂うことはない。ところが私の場合、先輩がまだ内部事務を研修しているにもかかわらず、私のほうが先に営業に発令されてしまったのだ。

追い抜いてしまった。前代未聞。支店内に緊張が走った。私も先輩に申し訳なくてどうしたらいいか分からなかった。

実力と言えばそれまでだが、たしかにその先輩は地味だった。周囲からは「あまりはしゃぐなよ」「相手のことも考えろ」と注意を受ける一方で、支店長からは「気にせずに仕事をしなさい」と言われた。彼もまた順番を違えたことを気にしていたのだろう。

その先輩が、その後、どうなったかはあまり記憶がない。

「先輩・後輩」という関係は、あまり極端に壊すことがないほうがいいのだろう。

長い会社員生活では先輩、後輩という関係はおのずと変わってくる。後輩が上司になる機会だって珍しいことじゃない。

私は幸いにも同じ職場で先輩を部下にしたり、後輩を上司として仰いだりした経験はない。

これはそうとう嫌なものに違いない。昇進で差がつくのは仕方がない。しかし同じ部署で、かつて先輩、後輩と呼び合っていた人が同じ場所で上司と部下の関係を逆転させるような人事は避けたほうがいい。

先輩とは、会社人生のスタートで出会う、会社における親のようなものだ。幾つになっても良き関係でいたいものだ。

㉑ 営業という病
こんなにクリエイティブな仕事はない（でも評価は低い）

営業って可哀そうな職種だ。もっと正当に評価されてもいいのに「誰でもできる仕事」と思われている節がある。

ハローワークに取材がてら、転職の相談に行ったことがある。仕事の経験欄に記入して評価されるのは、英語やコンピュータといった技術・資格ばかり。つまり、外形的に評価ができることだけなのだ。「営業をしていました」と言っても見向きもされない。日本一の自動車のセールスマンなら違うかもしれないが……。

でも、ちょっと考えてみてほしい。

たとえばレストランに行く。料理も店の雰囲気も最高だ。しかしサービスする人間が最低だったら食事は最悪になる。企業の場合、このお客さんと接する仕事が「営業」である。

こんな私にも馴染みのレストランがあった。そこで食事をするのが何よりの楽しみだった。なぜその店が美味しいのか。それはサービス担当がしっかりしているからだ。私の顔をちゃんと覚えていて、前回はいつごろ来店し、何を食べ、何を飲んだか、すべて覚えている。時には「ご著書、読みましたよ」「テレビ、観てますよ」なんてお世辞も言ってくれる。

ワインを薦めるにしても私の懐具合を熟知しているので、手ごろで美味しいのを出してくれる。サービス担当者と会話を楽しむためにその店に行くようなものだ。

ところがある日、「すみません。辞めることになりました」と言われた。

「えっ、どうして」

私はショックを受けてしまった。

そのサービス担当者が辞めてしまった後、その店に行ってみた。入店した瞬間、以前とは違った、冷え冷えとした空気を感じた。何度も来た店なのに、まるで見知らぬ世界に迷い込んだようだ。

新しいサービス担当は気が利かない人だった。私のことについて何も知らなかった。引き継ぎはなかったのだろうか。それから数回、その店に行ってみたが、新しいサービス担当はいつも初めて来店した客のような対応をする。美味しいはずの料理も美味しく感じなくなり、その店からは足が遠のくことになってしまった。

サービス担当者は誰にでもできる仕事ではない。同じことは、営業にも言える。

いくら料理が美味しくてもサービス担当が悪いと不味《まず》くなる。それと同じで、同じ商品であっても営業担当次第で、最良の商品にもなるし、最悪の商品にもなる。

そこが営業の醍醐味なのだ。

「営業」スキルはなぜ評価されにくいか

しかし世間では、「営業なんて誰でもできる」と思われているところが悔しい。おそらくは営業ノウハウが担当者それぞれで完結してしまうからだろう。

たとえば英語のように検定を実施して1級とかになれば、客観的にその実力が判定できるし、役にも立つ。だが、「営業検定」があったとしても、それで1級をとったからといって商品が売れるわけではない。そこが営業の評価が難しいところだ。

私がなぜこんなにも営業に好意的なのかと言えば、自分自身、営業しか経験が無いからだ。

総会屋事件で銀行が危機に陥っていた時、若手行員と「銀行を辞めたら何ができる？」と話し合ったことがある。

若手の一人は「私は釣りが好きですから漁師になれるかもしれません」と言った。釣り好きだから漁師になれるとは思わないが、羨ましいと思ったことを記憶している。車の運転が下手な私にはタクシーやトラックのドライバーは向かないだろうし、英語もできないから通訳や翻訳者も無理だ。自分が何もできない人間であることにガッカリした。

「ゼネラリストよりスペシャリスト」とよく言われるが、私は完全にゼネラリストとして銀行員生活を過ごしてきた。システムや経理など、専門性の高い仕事の経験もなく、当然ながらそうした技術も資格もない。

前述したハローワークで、銀行の人事部にいたことをやや自慢げに言うと、「では、人事制度は作れますか」「福利厚生制度はどうですか?」と立て続けに質問され、答えに窮してしまった。

人事部には在籍していたが、私はそんなことはしたことがなかった。人事異動や昇格、昇進、賞罰などを担当していただけだ。銀行の人事部の中では、そのポストが最も権威と権力があったのだが……しょせん、そんな業務は銀行(会社)内のインナーな世界でしか通用しないことであって、外の世界ではまったく無価値だ。それよりは人事制度などの制度設計をした経験のほうが普遍的に役立つ。

ハローワークの窓口で私は言った。

「制度作りは人事企画グループという部署の仕事でして。私は人事部の人事グループでして……」

ハローワークの職員が悲しそうな顔をした。「この人は何もできないのに、今も昔の権威にすがっているのだ」という表情だった。

営業の真髄は「耳」にあり

私は営業の要諦は「聞く」点にあると思っている。

俗に「セールストーク」と言うくらいだから大方の人は「営業＝話すこと」と思っているのではないだろうか。それは大きな間違いだ。営業は「耳」だ。「口」ではない。

新規開拓の営業に行く際、私は名刺だけを持って行くことが多かった。勧誘やプレゼンのための資料はいっさい持っていかない。

初めて訪問する会社だ。「銀行取引は間に合っている」「新しく始める気はない」などと断るために、たいてい私の目の前に現れるのは、経理担当か総務担当である。

私は挨拶だけして何も言わない。向こうは当然、私がしつこくセールスを始めると思っているから、拍子抜けし、呆れ気味になる。「あんた何しに来たの?」。こんな風だ。

私が何も言わないから、相手は焦れてしまって会社の説明を始める。私はじっくりとそれを「聞く」。そして「ありがとうございました」と言う。相手はさらに驚く。私は「取引してくれ」とも「すごいですね」とも言わない。ただ礼を言って帰ろうとする。

そうするとたいていは、「ちょっと待ってよ」と相手が言ってくる。私がたいして関心を持たなかったことが悔しいのである。だから、さらに突っ込んだ話をしてくれる。

私はひたすら「聞く」。こうなればしめたもの、多くの優良企業の新規開拓に成功した。「口」より「耳」を使えば、相手は「口」を使ってくれる。こちらが一方的に「口」を使うと相手はうるさくて「耳」をふさいでしまう。

営業は「口」より「耳」。だから口下手の人でも成績を上げることができる。要は自分をどのように演出するかなのだ。その意味では、営業とは一人舞台に立っているようなものだ。自分を自分で演出するのだ。極めてクリエイティブで創造性を発揮できる世界である。

顧客を徹底的にリサーチし、相手をどのように動かせば自分に振り向いてくれるか。まるで恋の駆け引きだ。これほど頭脳を使う仕事はない。

作家の仕事にも通じるものがある。自分でリサーチし、ストーリーを考え、相手を動かす。リサーチの段階から「耳」が必要だ。

これほどクリエイティブで他と代替できないのに、なぜか評価が低いのが営業だ。「営業なんて誰でもできる」と思っている会社の幹部は失格である。

㉒経営企画という病
この時代、本当に「経営を企画」なんてできるのか？

会社の中枢部とはどこなのか――それを考えさせられる出来事があった。

これまで何度か話してきた「第一勧銀総会屋事件」の際、本店に東京地検の強制捜査が入ったときのことだ。200人ほどの捜査官らが一気に押し寄せたのだが、彼らが最大のターゲットにしていたのは、総会屋事件の元凶となった総務部ではなく、企画部だった。

そう。企画部は銀行経営の中枢なのだ。

私は、企画部に大量に押し寄せた捜査官の姿を見て、彼らの意図を感じた。東京地検は銀行の中枢を捜査することで、銀行と官僚との癒着関係を解明しようとしていたのである。企画部は当時の大蔵省や日銀の窓口を務めていた。

この時捜査官たちは、室内の壁にずらりと並んだファイル棚に収まった資料ファイルを、ことごとく段ボール箱に詰め込んだ。もちろん、企画部員の机の中のモノも一切合切だ。なにもかもなくなってしまった。完全にカラになってしまったのだ。

私は、扉が無残に開けられたままのファイル棚を眺めた。見事だ。チリ一つない。掃き清められたようにキレイだった。

あるトップは私に言った。

「彼ら、机に入れていた銀座のクラブの挨拶状まで持っていったよ」

手帳は当然としても、机の中の高級クラブの挨拶状など、ありとあらゆるものを証拠として確保していった。そのトップが、ファックス用紙の裏に、たまたまテレビ番組の出演者をメモしたモノまで持ち去ったという。「なぜ、そんなものを」とトップが捜査員に聞くと「あなたの筆跡があるものはすべて確保します」と答えたという。

あな恐ろしや東京地検、である。

彼らは「セクハラもなんのその」といった調子で女子行員のロッカー内も捜索したし、エアコンの中、額縁の絵の裏から額の中、絨毯の裏側まで、とにかく徹底して探し回り、何もかも持ち去っていった。

「大掃除したみたいですね」

行員の間から、こんな感嘆の声が漏れるほど、その手際は徹底していた。

「毎年、年末に東京地検が来てくれると、掃除をしなくてもいいかもな」

不謹慎ながら、私もそんな感想を抱いた。

企画部資料の「重要度」

さて、話のキモはこれからだ。

これだけ重要書類がなくなってしまったのだ。当然、企画部の仕事は滞ることになるだろうと誰もが考えていた。

ところが驚くなかれ。翌日以降の企画部の仕事に、まったく支障はなかったのである。むしろ以前よりスピーディになった、と言えば言い過ぎだろうか。

持ち去られた資料は、東京地検にとっては宝の山だった。銀行と官僚との癒着の記録も多く、実際にその後の日銀や大蔵省との接待疑惑事件の証拠となっていった。だが、銀行の業務にとって、いや、少なくとも企画部にとっては、あれはまったく無駄な資料だったのだ。

厳然たるこの事実から導き出される事実は、「経営企画とは無駄な資料ばかり作っているくせにエリート然としている部署」ということになる。

他業種の「経営企画部」では高度な経営判断に関わるような仕事をしているのかもしれない。でも、当時の銀行経営においては「経営を企画する仕事」が存在したとは到底思えない。海外の金融機関を買収するようなケースも今日では、あるいは経営企画が機能しているのだとは思うが、少なくとも私が在籍した当時はそうではなかった。

金融自由化が本格的に始まるころのことだ。私は、1985年に、業務本部総括部という銀行の業務推進を企画する部署に配属になった。

預金金利の自由化が目前に迫っており、われわれは今後5年間の経営計画を突貫作業で策定していた。数日間、ほとんど寝ずに作成したのだが、この計画は1年も持たずに反故《ほご》になってしまった。自由化の進展があまりにも早かったからだ。

見渡せば、世の中はバブル経済まっさかり。「計画なんぞぶっ飛ばしてとにかく他行に負けるな！」と経営幹部が檄を飛ばした結果、われわれが練り上げた計画は簡単に吹き飛ばされてしまったというわけだ。

一般に経営企画とは当該会社のエリート中のエリートが集まり、会社の将来を考える部署とされている。大きな失敗でもしないかぎり出世は保証されたようなものだ。たいていの企業では、サラリーマンなら誰もが憧れる花形部署である。

しかしここで考えてみよう。経営企画に配属されるエリートとはどういう人材だろうか。エリートにできるのは、せいぜい現状のデータ分析だけではないだろうか。他社はどう動いている、我が社の位置付けは、製品の強みは、などなど分析するテーマは幾らでもある。しかし、そこから百年の計を捻り出せるとは思えない。

データはすべて過去のものである。過去を見て未来を知ることはできない。過去の実績を座標軸の上に落とし込み、それらを線で結べば、机上の予測は可能だ。伸びている製品はそのまま伸びていくし、落ちている製品はそのまま落ち続ける。だがそれは、単に過去を前提に線を引いただけだ。そんなもの予測でもなんでもない。

円が上がれば、こぞって専門家は「安全通貨の円が買われた」と言う。1000兆円も借金があり、いつ財政破綻するかと世界から注目されている国の通貨がなぜ「安全通貨」なのか、いくら聞いてもよく分からない。銀行員だったこの私が、だ。

専門家やエリートというのはそういうものだ。その時、その場で都合のいいことを考えるのは上手いが、さてそれでどうするか、ということについて独自のアイデアはない。

「主力商品」が売れなくなった時

2013年夏、私は富士フイルムをモデルにした小説『断固として進め』（徳間書店刊）を上梓した。

かつての同社はカラーフィルム事業が売り上げ、利益の大半を占めていた。ところが2000年を境にカラーフィルムの売り上げが激減し始めた。社内の優秀なスタッフ、もちろん経営企画もいただろうが、彼らはカラーフィルムの売り上げが激減することは誰よりもよく分かっていた。デジタルカメラが急激に安くなり、多くの人が利用し始めたからだ。

しかし、社内エリートや専門家はこう考えた。

「日本で売れなくなっても中国で売れる。インドで売れるだろう」

まだまだ市場はある。中国の13億人、インドの9億人の人々がカラーフィルムを使ってくれるだろうと。

一方、カラーフィルムの売り上げの激減ぶりを見て、社内で最も強く危機感を抱いたのは現会長の古森重隆氏だった。「中国がある。インドがある」と危機から目を逸らそうとする社員に対し、彼は、「鉄鋼会社に鉄がなくなれば、自動車会社に自動車がなくなればどうなるか」と問いかけた。「フィルム会社にフィルムがなくなったらどうなるか」。当然、倒産だ。

その強い危機感から怒濤の経営改革が始まった。今ではフィルム製造で培った技術をベースに、富士フイルムは化粧品、医薬品、医療器具のメーカーに変身しつつある。いまのところ、この試みは大きな成果を上げている。

切れるハサミは被害も大きい

経営企画はあくまで社長にデータを見せるスタッフに過ぎない。彼らが指し示すデータからは、1年後、2年後の市場動向や業界動向は分かるかもしれない。しかし、そこからいかなる「百年の計」を構築するかは経営者の仕事だし、経営者のセンスや能力が最も問われる部分でもある。経営企画の中からトップが出る会社は多いが、私は、調子よく出世し、社長が好むようなデータばかり見せていたスタッフにトップが務まるのだろうかと、いつも疑問に思ってしまう。経営者に必要な資質とは、経営企画部が担っている職務とはまったく異質なものだと思っているからだ。

ある破綻した大手銀行の元経営企画スタッフが、「今は時効だから」と前置きして、打ち明け話をしてくれたことがある。

彼と当時の同僚は、頭取から「不良債権の飛ばし」を指示されたという。さすがに具体的な指示ではなかったようだ。「なんとかならないのか」と言われた程度だったのだろう。

しかし、それで頭取の意を汲みとって対応策を練るのが「有能」なサラリーマンである。彼らは不正を承知で、創意工夫の末、監査法人でさえ見つけられない方法で不良債権を飛ばしに飛ばした。「まるで知的ゲームのようだった」と彼は自慢げに言った。

トップが頭のいい経営企画スタッフに頼れば、彼らはなんでも叶えてくれる、という典型例だ。

結局、その銀行は破綻した。その処理には、多額の公金が使用された。飛ばしなどしなければ、国民の負担はもっと小さい額で済んだ可能性だってあったのに。

彼らは、果たして本当に会社にとっていい働きをしたのだろうか。

バカとハサミは使いよう――経営者から見て、経営企画部はまさに使いようが問われる部署だ。もちろん経営企画のエリートはバカではない。むしろ、切れ味鋭い「ハサミ」だろう。だが、これで何を切るかは経営者の腕次第だし、正しく使う責任もある。切れ味が鋭いだけに、経営者が使い方を誤ると大変だ。最悪の結果を生んだ場合、「私は知らなかった」では済まされない。それでは経営者自身がバカだったという証明だ。無能な経営者を抱く経営企画部のスタッフは、逆に経営者を指して「バカとハサミは使いようだな」と、嗤《わら》っているかもしれない。

企画を使いこなす器量がない経営者が、彼らに全幅の信頼を置いているような会社はいずれ破綻する。企業の利益の源泉は、製造部門や営業部門だ。それらを差し置いて、経営企画だけが突出した存在感を放つのは、企業本来の姿ではないのだ。

㉓ 査定という病
会社を「人件費削減病」に陥れる元凶だ

企業社会における「査定」には、大きな誤解があるような気がしてならない。

私に言わせれば、査定とは人事評価ではない。査定は人件費を決める基準なのだ。

査定イコール「社員の仕事の評価」であると、おそらく多くの人々は思っているはずだ。

だが、それは大いなる勘違いだ。単なる人件費を決める基準に過ぎない。

要するに、人件費を圧縮する必要が生ずれば査定は必然と厳しくなるし、人件費の削減が
それほど必要ではなくなれば査定は甘くなるのである。

「社員を育てる」

「人材ではなく人財。人こそ会社の財産」

などという甘言に騙されてはいけない。ドライなようだが、企業にとって社員は人件費の
塊《かたまり》に過ぎないのだ。少なくとも経営者はそういう認識を持っている。

まずは、その点をきちんと心得ておきたい。

労働分配率という指標

　ところが会社とはバカな存在だ。やたらと社員を関係会社に出向・転籍させ、そこからの派遣という形で使ったり、それまで正社員が担当していた業務を非正規社員に担当させたりすることで人件費を抑えようとする。

　だが、会社の中で「人件費」というのは、どの会社でも売り上げ全体のせいぜい20％前後ではないかと思う。中には流通業のように、パート・アルバイトといった非正規労働者（彼らだって人間なのに、会計上は人件費に含まれない。何という不思議！）を多く雇用している会社には、人件費数パーセント程度の場合もある。

　経営者はこの数字を「多い」と見る。だから人件費を抑えることに必死になる。その方策として、会社本体から業務を切り離して下請けに回す。アウトソーシングと称して、やたらと分業化していく。

　銀行は、かつては銀行全般の業務、すなわち融資、預金、管理、運用など、ありとあらゆる業務をこなせるようなゼネラリストを育成し、それに応えた者を上位に査定し、彼らに多くの収益を配分するようにしていた。

　ところが、この方法では人材育成に時間と金がかかる。さらに世の中のニーズが多様化し、また会社も「多様なニーズに応える」という建て前の下で〝促成栽培〟で専門家を育てる必要がでてきた。あるいは、その専門家を擁する下請けに仕事を分担させねばならなくなってきたのだ。

かくして企業は、じっくりと人材を育てる行為を止めてしまった。たかだか売上高全体に占める20％程度の人件費を抑えるために人材育成を放棄しているのだ。

こんな批判をすれば、「バカなことを言うな」と逆に叱られるかもしれない。「労働分配率が重要なんだ」と。労働分配率とは、利益のうちどれだけ人件費を払っているかという比率だ。これが高すぎると、利益の割に人件費が高すぎることになり、労働効率が悪いとされる。

労働分配率が高いということは、裏を返せば、儲けに対して社員の給料が高すぎるということ。あまり働かない社員に給料を払いすぎているということだ。

だから労働分配率が高い企業の経営者は、社員の査定を厳しくする。

ある経営者にこの問題について水を向けると、こんなことを言った。

「昨今では株主からも数字で経営を査定されるから、人件費が問題になるんですよ」

本来、社員を査定する側の経営者が株主の「査定」を恐れるあまり、人件費を抑えざるを得ないと嘆くのだ。

なんとも皮肉なものだ。

これからはゼネラリストよりスペシャリスト

昨今の企業では、いかなる人材がゼネラリストとして、または専門職として扱われるかは、採用の段階で分かれるという。

海外も含めどこにでも転勤するが、出世は努力と運次第という「総合職」。これがいわゆるゼネラリスト。出世はそこそこで頭打ちだが、勤務地域を一定範囲に特定する「特定職」。さらに、フィナンシャルプランナーのような特定分野の専門家となる「専門職」などだ。

現役の銀行員からこんな話を聞いた。

見どころのありそうな就活中の若者が、専門職採用で面接を受けにきた。「もったいないな」と思った人事部員が、「総合職のほうがいいんじゃないか。海外にもどこにも行けるよ」と総合職で申し込むよう勧誘してみたところ、「いいんです。専門職のほうがスペシャリティが身につきますから」と断ったと言うのだ。

賢い選択だと思う。行内でどんなにエリートとして扱われたところで、最終的に何も身につかないゼネラリスト総合職よりも、社内で教育を受けられ、スペシャリティが身につく専門職のほうが、いざというときツブシが効く。どんなに美辞麗句を並べようと、銀行は安く人を使う目的で「総合職」「特定職」「専門職」と分けるようになったのは明白だ。ところが若者はその上手をいき、銀行の経費で勉強できる職種を選んでいるのだ。

それにしても会社というのは、いろいろな手を使って人を安く使おうとするものだ。もしかすると、会社という組織のあらゆる部署には、コスト削減のために自動的に動いてしまうという非人間的機能が内蔵されているのかもしれない。そうとでも思わなければ、トップが「人材育成こそ会社の生命線」と言っているような企業で、人件費を削減して非正規雇用を増やし、査定を厳しくしている意味が分からない。

査定など、せいぜい人件費を削減するだけで、会社の成長にはさして意味がない。100人を採用し、査定でどんどん削っていって、最終的に社長候補を一人だけ残すような人事システムを整えたところで意味がない。

みんな自由に役割を与え、成果が生まれれば、それに応じた報酬と地位を与える。成果が上がらない社員は、成果が上がりそうなポストに移す。会社の人事システムは、これくらいシンプルなもので十分だと思う。

査定なんか無駄である。会社の中の病を重くするだけだ。

社員が楽しく、生き生きと働くにはどうしたらいいか、それだけ考えてくれれば会社は病に罹《かか》ることはない。査定こそ、病に罹るきっかけを作っている元凶だ。

㉔ 数字という病
数字を過信するものは、いつか数字に騙される

企業社会は、数字にしか興味がない「数字サイコパス」が跋扈《ばっこ》する社会でもある。ここで私が定義する「数字サイコパス」とは、他人の配慮や思いやり、善意や仕事への情熱といった人間的な感情に乏しく、ただ数字しか信用しない、いわゆる「数字至上主義者」のことである。

彼ら数字サイコパスは世の中に上手く隠れて、結構存在している。そしてこんな人が出世して権力を握るのが「会社」という世界である。

業績を上げ出世街道を驀進している輩がよく使うセリフに、「俺は数字しか信用しない」がある。これなど、まさに数字サイコパスが吐きそうな言葉だ。

そこには人間的感情などまったくない。

数字は嘘をつかない――それは確かだ。数字は記号だ。記号が嘘をつくはずがない。嘘をつくのは数字を操る人間である。粉飾決算だって数字が意図的に誤魔化すワケじゃない。

数字は「鉄人28号」である

かつて、大手食品メーカーに財務畑出身の社長がいた。彼は数字しか信用しない典型的な数字サイコパスだった。部下から報告が上がってきても、経費と利益の数字しか見ていなかった。

現場に出向き、部下と会話を交わすこともしない。目標の数字を達成できない社員の言い訳など聞いても時間の無駄だ、ぐらいに思っていたのだろう。その一方、社長室に報告に来る社員に対しては、「コスト削減が甘い」と厳しく叱ってばかりいた。

部下たちは、これ以上コストを削減する手段がなかった。そこで嘘を思い付く。

タンク車から工場へ原料を流し入れるパイプは毎日掃除をしなければならない。雑菌が繁殖するからだ。これを「毎日掃除している」という報告をしつつ、実際には掃除の回数を減らしていた。どうせ社長の目は現場には向いていない。報告書の数字だけ整えればどうとでもなる——そうやってコストを削減しようとした。そして、これが常態化し始めた時、我が国で戦後最大規模の集団食中毒事件が発生したのである。この社長は椅子に座って数字しか見ず、現場を見ようとしなかったから、社員が上げてきた数字に簡単に騙されたのだ。

ちと例えが古いかもしれないが、数字は「鉄人28号」と同じだ。使い方次第で味方にもな

る し敵にもなる。正義の少年・金田正太郎がリモコンを持てば、鉄人は正義のために戦うが、悪人が持てば悪人のために力を奮う。

数字には感情も何もない。数字は事実を正確に把握する大切な手段になるが、数字だけしか信用しない数字サイコパス経営者に使われると、ただの数字が人を追い詰め、痛めつける道具に変貌してしまう。

数字を活かしたアメリカの貧乏球団

今やプロ野球選手の成績はすべて細かいデータになっている。打率、安打数、本塁打数、盗塁数、勝率、得点圏打率などは当然だが、出塁率、奪三振数、与四球なども選手の能力として数字になっている。球団はそれを査定に使う。選手が何と言おうと数字にモノを言わせるのだ。「期待の数字に到達していない」と言い、選手の要求をはねつける。

査定側は現場には行かない。行くと感情が入り、目が曇るからだ。選手に対して好き嫌いも出てしまう。とにかく数字のみだ。

だが、そもそもプロ野球において、より詳細なデータ管理が一般的になったのは、隠れた才能がある選手を見つけるためではなかったか。

映画にもなったマイケル・ルイスのノンフィクション『マネー・ボール』は、貧乏球団のオークランド・アスレチックスがいかにして強豪球団になったかを解き明かした面白い本だが、それはアスレチックスのGM、ビリー・ビーンが、他球団が見向きもしないような隠れた能力を持つ選手を「数字」によって発見し、彼らを巧みに起用したからだった。

それまでの野球の常識では、選手起用は、監督のカンや好き嫌い、せいぜい長打率や得点圏打率といった古い基準を元に決められていた。だが、ビリー・ビーンは過去のゲームを徹底的に分析した結果、カンや古い基準によって選手を起用しても勝利には結びつかないと判断した。彼が重視したのは、野手でいえば長打率に加え、出塁率や四球を選ぶ選球眼だったし、投手なら与四球や奪三振数であり、勝利数やセーブ、球速などは重視していなかった。

ビリー・ビーンが注目した能力を持つ選手の中には、他球団で冷遇されている選手も少なくなかった。彼はそうした選手を、リーズナブルな年俸で獲得し、ゲームに起用した。そして目論みどおりに勝利を重ね、ついにはプレーオフの常連になるまでになったのだった。

これは数字によって、埋もれかけた才能を発掘した好例だ。

ところがそれを真似た連中は、数字をコスト削減にのみ使おうとしている。

「あなたはここがダメ、ここが未熟」

数字は嘘をつかない。だから選手は球団の言いなりだ。こうして本来はまだまだ一線で活躍できるプレーヤーが意欲をなくしていくことになる。

数字に「情」をプラスする

私自身はどうだったか。実は、銀行の支店長をしていた頃、部下に数字で目標を与えるスタイルが好きだった。明確な数字は目標になりやすい。

しかし、本部からの目標を担当者の数で割り算し、それぞれにノルマとして与えるなどという数字サイコパスが陥るような愚は犯さなかった。

私は数字に「情」をプラスしてみた。

まずは「本当に君がやりたいことは何か」と部下に尋ねる。彼らからは「新規法人を獲得したい」「個人ローンをもっと勉強したい」などという声を聞く。ならば、そのやりたいことを数字に落とし込み、彼らの目標にする。自分が決めた目標だ。そこには彼らの情が入っている。

「そんなことでは全体の目標が達成できないではないか」と疑問に思う読者もいるだろう。そこは管理者の仕事なのだ。足りないところは自分で埋める。それが管理者の仕事だと思う。

部下は、自分で決めた目標ならば達成のために努力する。上から与えられた、高い天井のような目標数字は拒否するが、手を伸ばし、少しジャンプすれば届きそうな目標ならば普段の倍も頑張るだろう。

部下が目標を達成すれば、管理者としての上司は部下にもう一つ情をかけてやるといい。「よく頑張ったな」と肩を叩いてやれば十分だ。すると部下は、次にもっと高い目標に挑戦する。目標を達成するという成功体験が、いかに心地よいかを実感するからだ。

多くの部下が、数字を苦痛に感じるのは、成功体験の快感を知らないからだ。管理者は、数字を部下に与える時、情を意識しなければならない。具体的に言えば、部下の意欲、目標達成の喜び、一緒に目標へ向かう共感、などだ。

こういうやり方に対し、「仕事とはそんな甘いもんじゃない」と批判する人もいるかもしれない。私は、その批判こそが間違っていると思う。私は、実際にこの方法で成果を上げてきた。別に甘い絵空事、綺麗事を言っているわけではないのだ。

とにかく、経営者や管理職たる人間は、数字サイコパスになってはいけない。部下も不幸になるし、企業業績にも最終的にはマイナスの影響が出る。うまくやるためには、数字を使って部下と共感できる方法を探すことだ。努力すればその方法は必ず見つかる。

忖度族だけにはなるな

数字だけを信用して、多くの経営者が失敗してきた。

某大手電機メーカーのトップは、期末近くになっても目標を達成できていない部下に向かって「チャレンジだ」と叫んだ。残りわずかな期間しかないのに、「あと100億円の売り上げを上げろ！　チャレンジだ！」と檄を飛ばした。会社は数字サイコパスがトップになった時、破綻に向かうという典型例だ。

そのトップは、期末に100億円の売り上げが達成されたのを見て、自分のリーダーシップが効果を発揮したのだと喜んだことだろう。しかし、部下は数字をゴマかして報告していた。そのゴマかしが、積もり積もってニッチもサッチも行かなくなった。トップは謝罪しながらも「不正を指示したことはない」と言い逃れに終始した。

おいおい、みっともないぜ。今どき、ヤクザの親分でも「アイツを殺してこい」「この覚せい剤を売りさばいてこい」などと直截的に不正を指示することなんかない。部下が親分の気持ちを忖度して、「自主的に」悪事を働くのだ。

ならば経営者も、部下がどんな思いで数字を見つめているか、想像力を働かせ、部下に共感しなければならない。その作業なしでは、数字に命を吹き込むことはできないのだ。

㉕ 給料という病
永遠に解決されることのない「適正金額」

給料について考えてみよう。一般に、会社から社員が受け取るのが給料、役員が得るのは（役員）報酬というが、ここではすべてひっくるめて「給料」として考えてみたい。

給料とはなにか。それは「会社の利益」の働く人への配分だ。その比率を労働分配率と呼ぶというのは先ほども述べた。

1000円で仕入れた商品を1500円で販売すれば500円の利益が出る。これが会社が生み出した付加価値だ。会社はその中から給料を支払う。さて、会社は、その利益の500円をどうやって社員に分配しようかと考える。たくさん与えれば社員は嬉しいだろうが、経営者の手元に残る利益が減る。少なければ社員はやる気をなくす。しかし経営者の手元には多く残る。さあ、どっちを選ぶべきか？

一般に労働分配率は40％から60％程度だと言われている。そして、その実態は、映画でよく観る、悪事を働くヤクザ同士の取り分の決め方に似ている。

「四分六で俺の取り分は六分だ」

「なんでお前が六分で、俺が四分なんだ。実行するのは俺なんだぞ」

「バカ言うねぇ、情報も計画も準備も何もかも俺が用意したんだ。俺が六分に決まっているだろうが。嫌ならこの計画から降りろ」

「ちっ、仕方がねぇな」

「バカ野郎め。チャカ（銃）を鳴らすしか能がねぇくせしやがって、グズグズ言うんじゃねぇ」

経営者と社員の関係も、この関係とそう変わらない。

経営者は社員に対し、「仕事をする場所もなにもかも用意したのはこっちだから、こちらの取り分が多いのは当然だろう」と言うし、社員は「もっと寄こせ」と言う。

給料は、どれだけもらっても満足できない。なぜなら社員は自己評価が高いものだからだ。

「こんなに働いているのにこれだけしかもらえないのか」という不満は、いつの世でも尽きることはない。

その一方で、経営者はたしかに経営の責任を負い、多くのリスクを負担し、難しい判断を下している。経営にミスがあった場合には、株主代表訴訟の対象となり、巨額の損害賠償を負うリスクだってある（おそらく今の取締役以上はそのリスクに備える保険に入っているだろうが）。だが、その点を考慮しても給料（報酬）をもらいすぎだと思う。

社員のことを考えてみよう。社員の給料は抑えるだけ抑えている。それに飽き足りないのか、正社員の仕事を非正規社員に担当させるようになり、正社員はリストラされている。

そのくせに経営者だけは「俺たちの報酬はアメリカの経営者に比べればずっと少ない」などと言って、億単位の報酬を受け取るようになった。

なぜアメリカの経営者と比較する必要があるのだろう。

アメリカの経営者がプライベートジェットに乗っているからと言って、「俺たちも乗らなきゃ」などと考えているのだろうか。

本気でそう思っているとしたら、これはもう病気だね。

役員の報酬だけを引き上げた某銀行

銀行に公的資金が注入されていた頃、経営者（役員）の報酬は金融庁に制限されていた。

銀行の本店近くの蕎麦屋で、ある日、私は目撃してしまった。その銀行の役員が二人で向かい合い、なにやらヒソヒソ話している。二人でビール一本を頼み、チビチビ分け合って呑んでいた。いかにも寂し気な雰囲気だった。

ところが公的資金を返済し終わった途端に、彼らは「待ってました」とばかりに報酬を億単位に引き上げたのだった。

蕎麦屋で寂しく一本のビールを分け合っていた二人の役員は、その後は昼間から高級ホテルのレストランでシャンパンを空けるようになったらしい。

この銀行は業績が低下して以降、行員の給料は下げたままだった。にもかかわらず、公的資金返済直後に、役員の報酬だけを、「今まで抑えられていたから」という名目で大きく引き上げた。行員から不満が爆発したのは言うまでもない。なぜ実際の業績貢献に頑張った行員の給料を上げずに、役員ばかりを厚遇するのだろうか。いつから日本の会社は、こんなにも格差を容認するようになってしまったのだろうか。

日本の役員は、生活のすべてが会社丸抱えである。接待費などもみんな会社にツケまわしている。報酬はアメリカより少ないかもしれないが、丸抱えの費用を考えれば、それほど少ないことはない。だから彼らはなかなか会社から去ろうとしないのだ。

何度でも書くけど、こういう人たちは役目を終えたらさっさと引退してくれたほうが、会社の新陳代謝になっていい。もはや取締役でもないのに、高い報酬だけ受け取りつつ、いつまでも会社に居座っている輩のいかに多いことか。「相談役の相談役」みたいな顔をして、社内で一番大きな部屋を秘書付きで占拠している者もいる。元をただせば会社の幹部だが、老害をまき散らすようになってしまえば、もはや会社の患部に過ぎない。

こんな人間にも、社員が汗水流して生み出した利益が配分されている。利益は当期の利益だ。それを社員は給料として配分される。ところがこうした老害的相談役は、過去の貢献によって現在の利益をむしばんでいる。これじゃあ社員が浮かばれない。

何事にも適当な水準がある。古い言い方かもしれないが「いい塩梅《あんばい》」というやつだ。塩梅がいい給料水準を役員、社員で一緒に考えてみようじゃないか。これができたら、社員の不満は大幅に軽減できるし、会社経営なんてすぐにうまく回り出す。社員と経営者が同じベクトルに向かって動くことができるからだ。

私が仕掛けた「昇給ゼロ円」作戦

もっとも社員に対して、その働きぶり以上に多額の給料を与えるのもご法度だ。

銀行時代に出会った、ある先輩行員のことが忘れられない。彼はエリート意識がスーツを着ているような男だったが、仕事はできなかった。そんな彼が私の上司になった。

本当に、本当に、コイツはひどい男だった。仕事ができないくらいならまだいい。支店の部下を苛める、威張る、銀行の経費をゴマかして懐に入れる、嘘をつく、客とトラブルを起こす……。列挙すればキリがない。ああ、思い出すだけでも腹が立つ。

それでも彼は銀行の中枢部に強力なコネクションがあったようで、順調に昇格していたのだった。

この男は異常に昇給にこだわっていた。昇給は、行員の成績そのものだ。当時の昇給額は0円、5000円、1万円の3段階しかなかった。0円は最低評価。5000円は並み。1万円が優秀という具合で、1万円の昇給が続けば、順調に出世の階段を昇っているという証《あかし》となる。ただ、一般の行員は誰もが昇給をさほど気にしていなかった。というのも、たいがい5000円昇給なので、まずまずの評価を受けている者が多かったからだ。

ところがその上司は、ずっと1万円の昇給をしていた。こんなひどい男が最上位の昇給をしていたこと自体が驚きだが、彼にとってはそれこそが出世コースを歩む者の誇りくらいに思っていたのだろう。常に1万円の昇給をすることに、並々ならぬ意欲を示していた。

彼にとっての悲劇は、私が部下になったことだった（私にとっても悲劇だったが）。私は彼のような男が赦《ゆる》せなかった。

「このままでは自分の同僚や顧客が被害を受けることになる。仲間やお客様を守るためにアイツは排除せざるを得ない」

そう思った私は、自分も共倒れになることを覚悟の上で、彼がいかに無能で、卑怯で、有害な人物かを支店長や人事部に何度も訴え続けた。そして次第にそのことが理解されるようになっていった。

ある日、その彼はトイレで倒れ、そのまま入院してしまった。その日はちょうど昇給の発表がなされた日だった。聞くところによると、彼は昇給額がゼロだったという。

彼は退院した後、私たちの目の前に姿を現すことなく転勤していった。支店にやっと平和が訪れた。

その後、トイレで支店長と隣り合わせで用を足していたときのことだ。

「彼の昇給をゼロにしたから倒れたんだろう。悪いことをしたのかな」

人のいい支店長が、少々後悔をにじませるような口調で言った。

「いやあ、自業自得ですよ」

私は支店長の目を見て言った。そのときの支店長の、私を見る怖れたような目は今も強烈に私の記憶に焼きついている。

㉖ 新規事業という病
多角経営は日本企業に向いているのか？

新規事業は麻薬だ。経営者を気持ち良くする麻薬である。既存のビジネスが行き詰まると、経営者は新規事業に手を出したくなる。

かつて繊維業界が不況に襲われたとき、紡績会社や合繊メーカーが多角化に乗り出したことがある。その代表格が、鐘紡の「ペンタゴン経営」と旭化成の「ダボハゼ経営」だ。

名門紡績会社の鐘紡は、本業の繊維に加え、化粧品、食品、薬品、住宅という新規事業に乗り出した。事業の柱が5つだったため、「ペンタゴン（五角形）経営」と呼ばれた鐘紡の多角化は、当初は成功したかに見えた。実際、化粧品事業は同社の看板事業にまで成長した。

だが肝心の本業の繊維が赤字続きだった。結局、化粧品事業の利益で補いきれない赤字を隠すため、鐘紡は粉飾決算を繰り返し、ついに同社は経営破綻してしまう。本業の不調を補おうという無理な多角化が、経営を歪めさせたと言うべきだろう。

一方の旭化成は、本業の合成繊維の技術を生かして総合化学メーカーとなり、さらに住宅などの異分野にも進出していった。この路線をけん引した当時のトップがどんな事業にも食らいつくほど貪欲だったとされたことから「ダボハゼ経営」と呼ばれた。

旭化成の多角化は非常に成功したケースとして扱われてきたものの、住宅・建材部門の関連会社による杭打ち工事のデータ改ざん問題が発覚、評価が相当怪しくなっているのはご存じのとおりだ。

このように、多角経営はひとたび躓《つまず》けば、会社全体の根幹を揺るがす事態を招くのだ。

もちろん新規事業というアイデア自体が悪いわけではない。合成繊維のメーカーが、その技術力をいかして炭素繊維のような新素材を開発したり、海水を淡水化する水処理装置を手掛けたりという好例はたくさんある。だが、こうした「もともとあった技術力」をベースにした新規事業ではなく、資金力にモノをいわせて始めた新規事業が、とくにバブル時代にはたくさんあった。銀行員として私はそんな事業をいやというほど見てきた。

本業とは畑違いの不動産事業やゴルフ場事業、あるいはフィットネス事業などに乗り出し、大ヤケドを負った企業は掃いて捨てるほどあった。そして、これらの新規事業を盛んに勧め、背中を押したのは銀行だった。

アメリカに目を向けると、いつの間にか本業を失い、投資ファンドのようになってしまう企業が意外と多い。巨大メーカーのゼネラル・エレクトリック（GE）も、ほんの少し前までは、グループ内の金融部門であるGEキャピタルが全体の利益の3〜4割を稼いでいたようだ（現在は売却に向けて動いている）。

投資ファンドは、新しい会社に投資し、徹底したリストラなどで業績をかさ上げし、企業価値が上がったところで売却することで儲けている。外から見れば、いったい何をやっている会社なのかよく分からないことがある。

最近は日本にもこうした会社が増えてきているが、私はこれは日本社会のメンタリティにフィットしないのではないかと思っている。日本のまともな会社ならば、本業を逸脱した新規事業に手を出してはいけない。アメリカの企業のように、まったくの異分野でそこそこ上手くやれるほど、日本企業は器用でもないし不誠実でもないからだ。

本業をベースとした「棚卸」

新規事業へのスタンスが企業の明暗を分けた例として、富士フイルムとコダックを比べてみよう。

前述したとおり、富士フイルムは、2000年を境にカラーフィルムの売り上げが激減してきた危機感から、本業を逸脱しない新規事業に進出する決断を行った。

フィルムは極めて特殊な技術の集積だ。だから写真フィルムは世界でも4社しか製造できなかった。銀などをナノ化する技術、乳化技術、コラーゲン技術、抗酸化技術といった具合に多くの技術が必要だったのだ。そして、それらの技術を役員や幹部が「棚卸《たなおろし》」することにした。どの技術が何に役立つか検証する作業を「棚卸」と称したのである。

その結果、同社は基礎化粧品の分野への進出を決めた。いまやすっかり消費者に定着した化粧品「アスタリフト」シリーズである。

あの化粧品が最初に登場した頃は、「フィルム会社が化粧品？」と違和感を持った人もいたに違いない。しかしフィルム製造技術と化粧品開発技術には親和性があった。富士フイルムの本業の範疇と言ってもよかった。

いま富士フイルムは、ｉＰＳ細胞などの再生医療の分野にも進出している。こちらは同社が持っていたコラーゲンの技術がベースになっている。フィルムの材料はコラーゲンだ。やはり本業の延長線上にある新規事業だ。だから成功しているのだ。

ところが、コダックの新規事業は、富士フイルムとは違う方法論だった。彼らは資金力にモノを言わせてどんどん企業買収に走ったのだ。周知のとおり、結局コダックは経営破綻してしまった。これは本業を忘れてしまった結果だ。

やはり新規事業は本業を軸に考えるべきなのだ。

私が尊敬するセブン&アイ・ホールディングス名誉会長の伊藤雅俊さんは、「商人は変化を怖れるな」と言う。

商人は、時代のニーズや客のニーズをよく観察し、先取りし、絶えず変化していかねばならないという。同社会長の鈴木敏文氏を信頼し、セブン-イレブン・ジャパンを設立し、コンビニ事業に進出するが、あくまでも流通を軸にした新規事業を展開し、変化し続けている。やはりというべきか、同社も本業から逸脱していない。

日本人は決して器用な民族ではない。いくら資金が豊富だからといって投資ファンドなぞを作って、「これが儲かりそうだ」「こんどはこっちが儲かりそうだ」と、儲かるかどうかの基準でポンポン金を投じるような企業経営スタイルは似合わない。やっても絶対に上手くいかないだろう。

地道にコツコツ本業に打ち込み、その中から自然発生的に生まれてきた新規事業を大切に育てていくような手法こそ、日本人らしい多角経営だと思うのだ。

メガバンクの「アジア系銀行買収」が不安だ

新規事業を考える際に、もう一つ気をつけなければならないのは「他社がやるから、ウチもやる」というノリで新規事業に乗り出してはならないということだ。

日本企業は、同業他社と横並びで新規事業に進出するケースが非常に多い。

「A社もやっています。成功しているみたいです」

担当者が上司に言う。上司は、「A社の成功を指をくわえてみているつもりか」などとトップから叱られては堪らないと思い、自分たちも新規事業に進出すべく、計画立案を担当者に命じる。

そんな上司の心中は、おそらく「絶対に成功する」という強い意思よりは、「他社に後れをとるな」という受け身の気持ち、あるいは「失敗しても他社と同じようにやったのだから、まあいいか」という安易な気持ちのほうが多くを占めているはずだ。

これじゃ失敗する。絶対にね。

バブル時代、銀行は競って海外の銀行やノンバンクを買収したが、成功したといえるのはわずかである。いくら本業を広げる新規事業であっても横並びはダメなのだ。

最近は、再びメガバンクの海外進出、特にアジアでのリテール取引を行うためにアジアの銀行買収が盛んに行われているが、さて、どれだけ成功するものだろうか。

これらが横並びではなく、自分たちの頭で考えた新規事業であることを祈りたい。

㉗ボーナスという病
短期的な利益だけで支給額を決めるな

当たり前の話かもしれないが、ボーナスは業績次第で額が変わる。

私の銀行員時代、組合はボーナスのことを「給料の後払い」と言っていた。

言われてみれば、そのとおりだ。夏と冬にまとめてもらうくらいなら、毎月の給料に上乗せしてくれてもいいではないか、そんなふうに考えたこともある。

銀行員時代は、ボーナスが楽しみだった（住宅ローンを借りてからは、支給時にまとめて引き落とされるため、ひどく目減りした額を見て悲しい思いをしたけど）。

初めてボーナスをもらった時のことは今でも覚えている。父母を神戸の六甲山にあった銀行の保養所に招待して、一緒に食事をし、泊まった思い出がある。それ以来、あまり親孝行をしないうちに父も母も亡くなってしまった。かえすがえすも残念だ。

「親孝行したい時に親はなし」

読者のみなさんも自分の親は大事にね。

一支店長が頭取にお説教？

話をボーナスに戻そう。

高田馬場支店長になった1期目、支店が業績優秀賞をいただいた。ボーナスもドーンと増えた。私だけじゃない。支店行員全員が増えたのだ。これは嬉しかった。行員たちも喜んでくれた。

しかし私には気がかりなことがあった。「現場無視という病」の項目でも触れたとおり、当時、私は支店の最大の融資先である食品加工メーカーA社の再建に取り組んでいた。A社再建のためには銀行の債権をある程度放棄しなくてはいけない。となると支店の業績が悪化するのは間違いない。次期のボーナスがガタ減りするのは明らかだったからだ。

そこで私は行員に素直に打ち明けることにした。

「今度はA社を再建しなければなりません。そのため支店の業績が悪化するでしょう。そうなるとボーナスが減るかもしれません。それを悩んでいます」

「支店長、ボーナスは今回たくさんもらいましたから、次回は減っても大丈夫です。A社を助けてあげてください」

行員たちは言ってくれた。私は勇気をもらい、A社再建に奔走し、なんとか再建を果たすことができた。だが、予想どおり支店の収益は最悪になり、業績も大幅ダウン。当然、表彰など及びもつかなかった。

そしてボーナスの時期がやってきた。驚いた。想像以上に減っていたのだ。私の支給額が減るのは当然だが、一般職の女子行員のボーナスものすごい減りようだった。

「すごく減りましたね」

部下が言ってきた。私は謝るしかなかった。

「悪かったね」

それから間もなく、本店で支店長会議があり、その後にパーティが開かれた。

当時の頭取が私に近づいてきて言った。

「今回、君の支店は業績が悪かったね」

私はカッとなった。この頭取は私が高田馬場支店に赴任する際にこう言っていた。

「A社という不良債権先があるので大変だけどよろしく頼むね」

今回の支店の業績悪化は、そのA社を再建した結果だ。表彰を逃したのもそれが原因だ。そこは頭取も重々分かっているはずではないか。むしろ「A社を再建してくれてありがとう」と、慰労の一言も言うべきだろう。

気づいたときには、頭取を相手にこうまくしたてていた。

「頭取、お言葉ですが、頭取が懸念されていたA社を再建したためにこのような成績になったのです。そこでボーナスのことですが、支店収益を悪化させましたので業績が悪くなり、ボーナスがものすごく減りました。私のは結構です。覚悟しておりますから。しかし部下の女子行員のボーナスまで減らすとはどういうことですか。そんなことをしているから、不良債権処理を先送りしたまま、一時的な業績向上に支店長が走ってしまうのです。そこのところをよくお考えください」

仮にも一支店長ごときが、衆人環視の中、面と向かって頭取に文句を言うなど前代未聞だろう。頭取は露骨に嫌な顔をし、ビールグラスを持ったまま、無言で去っていった。

その後もボーナスの支給方法が改められることはなかった。

ボーナス支給額が業績で左右されるのは理解できる。しかし、あまりにも短期間の、かつ単純な数字だけで業績を判定しボーナスを支給するのはどうかと思う。

支給時に経営に関する議論ができないか

経営者にとってボーナスの支給時期というのは、年1～2回の、業績やボーナス査定について社員と話しあえる貴重な機会とも言える。

だから、ただ支給するだけではなく、経営に対する考えかたなど、双方向で議論するようにすればいいのだ。そうすれば、支給額についての納得性がもっと高まるだろう。

私は、ボーナスが減ったことについて支店の行員に「A社再建が原因だ」「再建が成功したから、次は業績が向上する。だから次回のボーナスは増えることが期待できる」と説明した。

みんな納得してくれた。

ボーナスについてだけではなく、私は支店内で発生しているトラブルやその解決過程まで基本的にはすべて行員たちに話していた。マイナス情報もオープンにすることで、みんなが同じプラスの方向を目指すことができるという信念をもっていたからだ。

実際、それはそのとおりになった。

組織の規模が大きくなっても、同じことが言えるはずだ。

㉘ 経理という病
経理部は会社の実態を正確に映す鏡

経理は金を管理する。言ってみれば会社経営の要だ。「勘定あって銭足らず」にならないように経理がしっかりしていないと経営はおぼつかない。

しかしながら経理畑の人間が社長になると、往々にして数字以外信用しない「数字サイコパス」型の経営者になりがちなので、本人も周囲もよくよく注意しなければならない（もちろん、経理畑出身の優秀で人間的魅力にあふれた経営者だってたくさんいるのだが）。数字を見つつも、その背後にある人間に関心を向けておかないと、「数字という病」で述べた大手食品メーカーの例のように大きなミスを起こすことになるからだ。

また経理畑は、簿記や会計の知識が必要なため、どうしても専門家になりやすく、中小・中堅企業では同じ人物が長くそのポストについている場合が少なくない。だから転職市場では、営業や総務といった社内のエリートコースよりも、長く経理に携わってきたその道のプロのほうがよほど需要があったりする。

ところが、経理部が経営者や他部署の目が届かない「ブラックボックス」と化してしまうと、そこが会社を揺るがす巨額横領事件の舞台になってしまう場合もある。

私が付き合いのある新聞社や出版社でも、経理担当役員が億単位の横領をはたらいていた事件が発覚した。それらの会社の社長をよく知っているが、聞いてみるとみな口を揃えて「信用していたのに」と悔しそうに言うのだ。経理を一人の人間に長く担当させていると、こういう事件に見舞われてしまうのだ。

共同正犯になりやすい経理マン

青森県の住宅供給公社に勤めていた経理部の男が、会社の金をチリ人の女に14億円も貢いでいた事実が発覚して逮捕された。これはワイドショーをも賑わす大事件になったが、他にも経理を任されていた者が横領をはたらいて逮捕されるという事件は時々マスコミを賑わす。そのたびに「同じ人物を長期間、経理に配属させ続けてはいけない」と言われるのだが、不思議なことになかなか改まることはない。

なぜ改まらないのだろうか？ 代わる人が見つからないほど経理の仕事は専門的すぎるのだろうか。いや、そうではあるまい。

大企業は違うだろうが、中小・中堅企業では経営者が「ごく限られた専門家」にしか任せられない、特殊な経理案件を依頼しているからではないだろうか。

裏金や経営者の小遣い、はたまた愛人のお手当など、表に出せない金の処理を、口の堅い経理マンに任せてしまってはいないだろうか。そんなことでは、経理マンを交代させたくても交代させるのは難しいだろう。

経理は会社の実態を正確に映す鏡だ。会社がこっそり働いた悪事も、経理マンの目にはハッキリと見えている。不心得者の経営者にとっては、頼りになる存在である反面、自分の弱点を最も知る存在なのである。

肉食系経理マンの誕生

ところが多くの社員の目には、経理は会社の中で最も地味なポストとして映っている。世の中がアッと驚く新商品を開発するわけでもないし、バリバリ営業をして莫大な売り上げを会社にもたらしてくれるわけでもない。配属される人間も、どちらかと言えば、実直で真面目なタイプが多い。口八丁手八丁なタイプなら、そもそも営業に回されてしまうからだ。

だから、経理部門から社長が選ばれると、悲しいかな、社内の意気はあまり上がらない。

「どうせコストカットをするんだろ」なんて疑いの目で見られてしまう。

こんな調子だから、ひとたび経理に配属された人間は、何年もそこで過ごすことになる。

そうして、社内では忘れられた存在になっていく。経理マンがそんな境遇に反発し、「俺を忘れないでくれ」と主張した時、あるいは、忘れられた自分という存在をうまく利用しようと考える時、不正が起きる。それは取り返しがつかないほど巨額の不正になることもしばしばだ。そうなってから「なぜ同じポストに長く置いたのだ」とお決まりの反省をしても手遅れだ。

経理のポストに同じ人を置くのは必要最低限にとどめよ——これしか病を治す方法はない。

もっとも、最近は〝攻撃的な〟、いわば肉食系の経理も存在する。税務と一緒になった経理のことだ。グローバルカンパニーでは、いかに納める税金を軽減するかに血道をあげている。それは国との戦いだ。徴税機関が強硬なのは、なにも日本だけではない。世界各国の徴税機関が、二重課税などお構いなしに各種の税金を会社に押し付けようとしてくる。

言われたとおりに黙って支払えば、会社は大損をする。いかに合法的に、いや時には脱法的に税金を安くするかが、攻撃的経理の腕の見せ所となる。新たな節税方法が開発されると、対抗策を各国徴税機関が取り始めるというイタチごっこが世界中で繰り広げられている。

こういう時代になれば経理担当の中から戦略家で大胆な人材、国税の裏をかくことなど屁とも思わないような魅力的なダークヒーローが現れるかもしれない。そんな経理マンの存在が世の中に認知されるようになってようやく、経理が花形部署になるのかもしれない。

㉙ 計画値という病

作りっぱなしでPDCAを回せない日本企業の悪習

私が勤めていた銀行のある取引先は、半年ごとに事業計画を銀行に提出していた。1000億円にも上る膨大な借入金の返済スケジュールについての計画書であった。

社長は、その計画を見て、いつもため息をついていた。まるで現実味のない、空疎な数字が並んでいたからだ。なぜそんな計画値を作ったか。すべては銀行員の満足のためだった。

銀行員から言われるままに根拠なき計画値を積み上げ、再建計画を作った。そして「毎月トレースしますからね」と若い審査担当から厳しく申し渡されていた。

かくして毎月、銀行に呼びつけられ、若い審査担当から実績値が計画値の未達を責められる。彼の傍では、審査部長や役員が苦虫をかみつぶしたような顔で睨んでいる。

「いつまでこんな茶番を繰り返すのだ。こんな計画値は達成できるはずがない」

ひたすら謝り続けながらも、心の中で社長はそう思っていたはずだ。

いや、銀行側もこんな計画が達成できるとは思っていなかった。これは銀行の〝儀式〟だったのだ。毎月毎月呼び出され、計画どおりに返済が進まない現実を社長に再認識させる。こうして社長が「もはや再建不可能」と納得した瞬間に、銀行は破綻処理にまっしぐらに進んでいく。つまり、死刑を宣告されるわけだ。この会社にとって、計画値とは死刑までの時間稼ぎに過ぎなかった。かたや、破綻処理に向けて準備万端の銀行は、「再建断念」を決意する瞬間をいまかいまかと手ぐすね引いて待ちかまえていた。なんという無駄だろう。

たとえば、私たちが人生の計画を立てる時だって、現時点を起点にし、ただ右肩上がりに数字を伸ばしてみても意味がない。人生は何が起きるか分からない。浮き沈みがあり、デコボコしているものだ。だから右肩上がりの単純な計画値など意味がない。

ある有名経営者は、自分の未来の姿を日記に書き、成功した自分の姿を想像しながら、そこに向かって努力した。彼は「夢は叶《かな》う」と高らかに宣言し、起業家志望の若者たちに夢と希望を与えた。だが、彼自身の計画の中に、手塩にかけて育てた自分の会社が後年ブラック企業として多くの社会的批判に晒されるようになる事態まで織り込んでいただろうか。

笑い話のような長銀の話

長期信用銀行（長銀）が破綻し、その再建を託された八城《やしろ》政基氏が一番驚いたのは、行内にデータがないことだった。

いや、ないというのは正確ではない。データが挙げられてくるのがあまりに遅くて、手元に届いた時には意味を為さなかったという。当時の様子は、拙書『組織再生――マインドセットが変わるとき』（PHP文庫刊）に詳しく書いたが、八城氏が計数や収益の実績値を見たいと言うと、スタッフが山という書類とあちこちから切り貼りした表を作って持ってきたという。

再建のために着任した八城氏が5月のある日、財務担当役員に先月の利益は出たのかと尋ねた。役員は、首を傾げた。データは出ないと言う。「現在は3月末のデータを急いで作っている、6月末まで待ってほしい」と言う。5月の時点で3月末のデータがなく、しかも、そのデータさえ6月末まで待たねばならない。

とにかく直近のデータを出してほしいという八城氏に対して、山ほどの資料を抱えてきた役員は、その中から「4月末のデータです」と言って一つの資料を指し示した。そして同時に「確定の数字ではないので、誤差が20～30％あります」と説明したという。

この小説を書いたのは今から10年ほど前だが、当時の日本企業は、この長銀と似たりよったりの状況だった。

「日本企業は、目先の利益を追うのではなく、長期的計画に基づいて経営されている」としたり顔で解説する人がいるが、これは直近の実績が把握できていなかったからやむなく遠い将来を見て経営するしかなかったのではないかと勘繰りたくなるような悲惨な事態だった。

先に「経営者は数字サイコパスになってはいけない」と書いたが、もちろんこれは「経営の現状を正確に把握しなくてもよい」という意味ではない。正確な現状把握なくして、経営者は正しい指示を出すことはできない。

もちろん八城氏は、すぐにシステム改良の指示を出した。できることなら日次損益を確認できる体制を整えたかったが、少なくとも月次損益は把握できるようになった。

八城氏が、スピーディな実績値の把握にこだわったのは、「計画」「実行」「計画との乖離《かいり》を把握」「計画修正」そして再び「実行」という、いわゆるＰＤＣＡ(plan,do,check,action)のサイクルを順調に回すためだ。

さすがに、その後、多くの大企業では経営管理システムが改善され、昨今では即座に実績値が把握できるようになっているだろう――私はそう思っていた。

ところが、意外にそうでもないのかもしれない。ＪＡＬの再建の経緯を取材していたときにそう感じたのだ。

ＪＡＬを再建した稲盛和夫氏も、八城氏と同じように即座に実績値が把握できないことに驚いていた。私はこの再建劇を題材に『翼、ふたたび』(ＰＨＰ研究所刊)を書き上げたが、その中で、稲盛氏をモデルにした「佐々木」というトップがスタッフに各部門の実績がリアルタイムに把握できるように要求するシーンを盛り込んだ。ほぼ実話に近い。

「アメーバ経営」の名で知られる稲盛氏の経営手法は、組織を小さく分け、それぞれに収益とコストの責任を持たせるのが真骨頂。組織を小さく区分けすることで実績値の把握が容易になるし、収益責任も明確にできる。問題があれば即座に対応できる優れた経営手法である。

換言すれば、それだけ経営者は、実績値を把握するのに努力を重ね、計画値との差を埋める作業に真剣に取り組んでいるのである。

大本営以来の伝統なのか？

では、なぜ計画値と実績値がこうも乖離してしまうのだろうか。

それは計画を立てる部署が、計画を立てるだけで満足してしまっているからだ。彼らは、実績の把握にまで関心を持っていない。作ったらお終いだし、あとは成り行き任せだ。

PDCAのC（実績把握）とA（計画修正）にあまり関心を払わないのが日本企業の悪しき特性なのかもしれない。

そして、そうなりがちなのは、実績がすぐに把握され、計画未達だったりすると、無謀な計画を立てた者が責任を追及されかねないからではないだろうか。

計画を立てる企画部はエリート集団だ。間違いがあってはならない。間違えば、権威が失墜する。そのためには間違いはできるだけ後から判明するほうがいい――こんなマインドが働いているのではないだろうか。

戦争中でも戦争計画を立てたのは、大本営のエリートだった。多くの兵や武器を戦場に送ったことになっているが、実際は届いていない。これを「員数合わせ」と言うが、帳簿上は送ったことになっているだけで、実際は届いていない。途中で沈没したり、敵に囲まれ武器も送れない現地の状況などお構いなしなのだ。

計画を立てる人がエリート。そこに間違いがあってはならない。責任問題になってしまう。実践するのは現場の非エリート。彼らがいかに嘆こうと、エリートは知ったことじゃない。

こんな土壌が、ＰＤＣＡを順調に回すことを阻害しているのではないかと思えるのだ。

計画は計画値を作るだけじゃ意味がない。作って即座に実績を把握し、即座に対策を打つＰＤＣＡを回してこそ生きてくる。

そうでなければ、どこぞの大手電機メーカーのように、期末に１００億円の売り上げが未達だからと、トップが「チャレンジ！」と叫ぶことで、部下が不正な数字作りに走らざるを得ないハメに陥るだろう。

あの名門企業も、もっと早くに実績値を把握し、対策を講じていれば、期末に慌てることはなかったはずだと思うのだが……。

沢庵和尚の「上中下三字説」に学べ

江上　剛

山々が紅葉し、まさに錦織りなす景色の頃、山形県の上山《かみのやま》市に行った。街を見下ろす高台に上山城がある。スロープを上ると、城の謂《い》われが記載された看板が立っていた。そこにあの沢庵漬けで有名な高僧である沢庵和尚の言葉があるのを見つけた。

彼は、１６２７年の紫衣《しえ》事件（詳細略）に絡んで幕府の逆鱗に触れ、この地に流罪となった。しかし城主である土岐頼行《ときよりゆき》に温かく迎えられ、土岐の師となり政治を教えていたらしい。その教えを「上中下三字説」と言い、看板の隣の石碑には次のように書かれていた。

頼行曰く「政について心得べきは何か」

師曰く「政は『上・中・下』なり。下は領民なり。上は為政者なり。上方ばかり、下方ばかり見ていては不可。上下の意思の疎通なり。上の字を返せば下の字となる。下の字を返せば上の字となる。上下は体なり。上と下を取り結ぶものが中なり。中は、口に上下のたて線を貫く。言葉で意思が通ひるなり」

私は、思わず唸った。

この沢庵和尚の言葉こそ「会社という病」を癒やす薬ではないかと思ったのだ。

この言葉の「上」を経営者、「下」を社員と言いかえれば、そのまま現在に通じるではないか。要するに上下の中を貫く言葉が重要だと言っているのだ。


経営者になるような人は、誰もが成功体験を持っている。それがあるから経営者になれたのだから当然のことだ。

上司の指示に従い、チャレンジを繰り返し、成功を重ねてきた。その報酬が経営者という地位だ。そして成功体験の記憶のままに社員に向かって「チャレンジしろ！」「目標達成を諦めるな！」「成果を挙げない奴はクズだ！」などと社員を叱咤する。そんな経営者は、社員たちが自分の叱咤激励する言葉に感動し、きちんと応えてくれると信じている。

ところが社員たちは、その言葉に感動しない。ストレスと感じるだけなのだ。言葉が通じていない。その結果、経営者の言葉に偽装や不正で応えてしまうことになる。とりあえず数字だけ合わせておけばいい、それでこの場が凌《しの》げるのだという気持ちだろうか。

「会社という病」の原因は、沢庵和尚の言う「中」、すなわち「言葉」がないことなのだ。

経営者の言葉が社員に通じない。その一方では、社員の言葉も経営者に通じない。上と下はバラバラで、それを繋ぐ中がない。経営者は、社員に語るべき言葉を持たず、社員はそもそも経営者と言葉を交わそうともしない。

これが会社をむしばんでいる病巣だ。頻発する会社絡みの事件の根本原因だ。

「上中下三字説」と書かれた石碑の前で私は、しばらく佇み、いまも昔も組織運営・人間関係の悩みは同じだと思い、「会社という病」の病巣の深さにため息を漏らした。

本書が、その病を癒やすことに何かしらの役に立つことを願わずにはいられない。

平成二十七年十一月吉日

江上 剛
1954年兵庫県生まれ。早稲田大学政治経済学部卒。旧第一勧銀広報部在籍中に、総会屋利益供与事件の混乱収拾に尽力する。在職中の2002年、『非情銀行』で作家デビュー。03年、みずほ銀行退行後は執筆に専念。主な作品に『小説金融庁』『リベンジ・ホテル』『慟哭の家』など（以上 講談社文庫）。近著に『退職歓奨』『抗争巨大銀行が溶融した日』『ザ・ブラックカンパニー』ほか。ビジネス評論家、テレビコメンテーターとしても活躍。

講談社＋α新書《プラスアルファ》 712-1 C

会《かい》社《しゃ》という病《やまい》

江《え》上《がみ》 剛《ごう》

2015年12月17日第1刷発行

発行者——— 鈴木 哲

発行所——— 株式会社 講談社
東京都文京区音羽2-12-21 〒112-8001
電話 出版(03)5395-3522
販売(03)5395-4415
業務(03)5395-3615

デザイン——— 鈴木成一デザイン室

カバー印刷——— 共同印刷株式会社

印刷——— 慶昌堂印刷株式会社

製本——— 牧製本印刷株式会社

本文データ制作——— 講談社デジタル製作部

定価はカバーに表示してあります。

落丁本・乱丁本は購入書店名を明記のうえ、小社業務あてにお送りください。

送料は小社負担にてお取り替えします。

なお、この本の内容についてのお問い合わせは第一事業局企画部「＋α新書」あてにお願いいたします。

Printed in Japan
ISBN978-4-06-272919-2